本书出版得到2015年北京市教委科技面上项目“面向服装电子商务的消费行为挖掘与应用关键技术研究”（项目编号：AJ2015-07）资助

经济学学术前沿书系

STUDYING ON FASHION CONSUMPTION BEHAVIOR IN ONLINE RETAILING ENVIRONMENT

网络零售环境下服装消费行为研究

崔瑜花　牛继舜　著

经济日报出版社

图书在版编目（CIP）数据

网络零售环境下服装消费行为研究／崔瑜花，牛继舜．-- 北京：经济日报出版社，2017.10

ISBN 978－7－5196－0220－8

Ⅰ．①网… Ⅱ．①崔… ②牛… Ⅲ．①网上购物－服装－消费者行为论－研究 Ⅳ．①F713.365.2

中国版本图书馆 CIP 数据核字（2017）第 259563 号

书　　名：网络零售环境下服装消费行为研究
作　　者：崔瑜花　牛继舜
责任编辑：王　含
责任校对：刘妙怡
出版发行：经济日报出版社
地　　址：北京市西城区白纸坊东街 2 号 A 座综合楼 710（邮政编码：100054）
电　　话：010－63567690（编辑部）　63567687（邮购部）
010－63516959　63559665　83558469（发行部）
网　　址：www.edpbook.com.cn
E－mail：jjrbcbsbjb@163.com
经　　销：全国新华书店
印　　刷：北京京华虎彩印刷有限公司
开　　本：710×1000 mm　1/16
成品尺寸：170×240 mm
印　　张：10.50
字　　数：200 千字
版　　次：2017 年 10 月第一版
印　　次：2017 年 10 月第一次印刷
书　　号：ISBN 978－7－5196－0220－8
定　　价：38.00 元

前　言

随着互联网的普及，网络零售已成为21世纪最热点的话题。网络零售渐渐成为人们生活中不可缺少的一部分。由于网上购物方便了顾客的足不出户，免除了店铺、营业员费用等原因，使得同样的商品价格更加低廉，吸引了很多的消费者。

网络零售改变了传统的购物方式，首先对于消费者来说，能获得较大量的商品信息，可以买到当地没有的商品，从订货、买货到货物上门无须亲临现场，既省时又省力。其次，对于商家来说，网上销售没有库存压力、经营成本低、经营规模不受场地限制等。在将来会有更多的企业选择网上零售，通过互联网对市场信息的及时反馈，适时调整经营战略，以此提高企业的经济效益和参与国际竞争的能力。因此，正确分析消费者对于网络零售的行为是非常科学的、切合实际的、符合当今时代的需求所在。

为了让消费者网上购物过程得到便捷、安全、快捷、简单，网络零售成了一种新型而热门的购物方式。网络零售系统是一种具有交互功能的商业信息系统，它在网络上建立一个虚拟的购物商城，使购物过程变得轻松、快捷。当前有比较成功的一些网络零售网站，如淘宝、京东、唯品会、亚马逊等。淘宝网是亚太地区最大的网络零售商圈，由阿里巴巴集团在2003年投资创立，主要用于商品网上零售，也是国内较大的拍卖网站。现在淘宝业务跨越C2C（个人对个人）、B2C（商家对个人）两大部分。按品种销量，服装产业当属第一。因此，针对服装产业的网络零售进行消费者行为分析具有一定的重要意义。

本书也是一本较为系统地介绍互联网环境下服装消费行为的著作，从消费者、产品、购物网站、感知风险、网店服务和顾客评论等方面研究网络零售环境下服装消费行为，既有相关知识，也有实证研究结果，供读者分享。

本书由崔瑜花负责拟定提纲、统稿和定稿。全书共七章：牛继舜撰写第一章，崔瑜花撰写第二、三、四、五、六、七章，唐柳、于梦琪、郭芮、刘禹杰参与了本书的部分研究工作，在此对这些同学表示衷心的感谢。

在本书编写过程中，参考和吸收了国内外相关的书籍和文献，并引用了互联网上一些具有独到见解的阅读资料，以增加书本的新鲜感和趣味性，启发读者深入探讨具有前瞻性的问题。

本书出版得到以下项目资助：2015 年北京市教委科技面上项目“面向服装电子商务的消费行为挖掘与应用关键技术研究”（项目编号：AJ2015－07）。

作　者
2017 年 9 月

目　录

第一章　服装网络零售

第一节 网络零售

一、网络零售的定义

网络零售，根据《2009 年中国网上零售调查报告》的定义，是指交易双方以互联网为媒介进行的商品交易活动，即通过互联网进行的信息组织和传递，实现有形商品和无形商品所有权的转移或服务的消费。买卖双方通过电子商务（线上）应用实现交易信息的查询（信息流）、交易（资金流）和交付（物流）等行为。

网络零售也称作网络购物，包括所有针对终端顾客的电子商务活动，这里的顾客主要指普通的个人或普通的家庭，并不包括生产性顾客。

网络零售包括 B2C（企业对消费者）、C2C（消费者对消费者）和 O2O（将线下商务的机会与互联网结合在了一起，让互联网成为线下交易的前台）等三种形式。

网上零售业相比传统零售业具有以下的特点：(1) 跨时空；(2) 全方位展示产品或服务；(3) 低成本；(4) 信息的实效性强；(5) 能够密切用户关系并深入了解用户等。

网络零售因具有的产品量大、价格低廉、无时间和地域限制等鲜明特点吸引了大批的消费者，网上零售市场也因此得到了充分的培育和发展，网上购物逐渐成为人们主流的消费方式。

二、网络零售与传统零售的比较

表 1－1　传统零售与网络零售的差异

		传统零售	网络零售
物理特性	店铺	实体店铺	虚拟店铺
	商品	实物商品	商品通过图片、文字展示
	覆盖半径	覆盖有限半径	由配送能力决定覆盖半径
	货架	有限货架	无穷货架，长尾商品皆可销售
	服务时间	有营业时间限制	24 小时服务
	取货方式	顾客来店购物	送货上门或顾客自取
	运营成本	有店铺租金、物业及店内运营人员成本等	有包装材料、配送及网店运营人员成本等
商品展示	商品展示	按照顾客逛店习惯摆放商品 将走货量大、品牌知名度高的商品以及促销商品摆放在显眼和顾客容易拿到的货架上	关键词、类别、价格区间等搜索 图片内容一体 给顾客提供多种购物决策支持，包括：热销排行榜、相关产品推荐等
市场手段和营销策略差异化	广告	DM/广告	SEO/SEM、EDM、网盟、门户网站广告、SNS 合作拥有大量的顾客搜索、收藏、购买、关联商品的销售数据信息
	环境	可利用店铺场所环境及声、光、味等效果冲击购买	网店装修
	人员推介	可通过销售人员与顾客面对面交流推介产品	店小二与顾客的互动
供应链架构和管理差异化	库存		只需要考虑仓库库存的管理
	配送		配送（最后一公里）仓库货物摆放（考虑畅销度和顾客购买关联性）
	仓库	立体库	平面库
人才结构差异	对人才的要求	在丰富零售经验的人	IT 人才及懂得网络营销人才非常重要
	需要的人才	大量的店内运营人员	大量的仓储物流人员

三、中国网络零售发展简要历程

伴随着计算机的发明、网络设施的建设、通信技术的创新，互联网逐步融入到社会经济生活中来，一种新型的产业形态——电子商务应时而生，电子商务的产生改变了传统零售运作模式，形成网络－实体并轨的零售模式。

自 1991 年起，我国先后在海关、外贸、交通航运等部门开展了 EDI（电子数据交换）的应用，启动了金卡、金关、金税工程。1996 年，外贸部成立中国国际电子商务中心。1997 年，网上书店开始出现，网上购物及中国商品订货系统初现端倪。1998 年 7 月，中国商品交易与市场网站正式运行，北京、上海启动了电子商务工程。

中国网络零售市场发展初期，因国内计算机网络发展滞后、消费意识尚未形成等环境因素造成网络零售市场发展缓慢，伴随着 21 世纪初网络泡沫的破灭，网络零售市场处于艰难的探索期，从 2000 年开始，以信息化和网络经济为代表的全球新经济飞速发展，吸引了各个行业商家的眼球，引领着各个行业的经营理念。2001 年我国网络购物市场规模仅为 6 亿元，2003 年“非典”疫情的爆发为网络零售带来了转机，伴随着计算机的快速普及和投资泡沫的退去，市场实现理性回归，大量电子商务企业涌入，实现了中国网络零售市场的迅猛发展。近年来，网络零售业的发展出现了结构性转变，以 B2C 为核心的业态取代以 C2C 为核心的势头逐步体现。网络购物这种新型的购物模式，作为电子商务的分支，正以独特的优势成为一种大众化的购物方式。

第二节　服装零售

一、服装零售模式的演变

受传统的计划经济体制影响，服装零售行业在我国流行时间并不长，直至 20 世纪七八十年代改革开放逐渐兴起以后，各式各样的服装零售模式才逐渐兴起。在计划经济体制中服装销售以统购统销为主，大大小小的百货公司是服装零售活动的主要平台，缺乏自主的零售活动。改革开放之初，我国实行的还是比较传统的零售模式，服装产品的零售场所主要是商场、专卖店或超市，产品从制造到消费者获取要经过加工、批发、零售等多个环节，程序较为繁琐、复杂。进入新世纪，随着互联网的普及，服装零售逐渐向电子零售模式演变，这样商家可以和消费者进行直接交易，为商家和消费者都节省了很多环节，便利了人们的生产与生活。如今我国的服装电子商务发展稳定，网络零售规模扩大，品牌逐渐丰富，辐射面积也越来越广，同时中国的消费者在对服装的需求上越来越追求时尚、品质、特色，多品牌买手店铺受到了认可和欢迎，我国服装零售模式逐渐向信息化、多样化、网络化转变。

二、服装零售行业分析

中国的服装零售行业经过20多年的大步发展，整个服装零售市场已经翻天覆地地发生变化，无论是主流消费群体的改变，还是传统的零售模式的改变，都使中国服装零售业的发展呈现出新的特点。那么，目前服装零售行业呈现出什么特点呢？下面笔者就和大家一起来探讨。

（一）百货商场竞争优势下降

由于历史原因，百货商场一直是中国服装零售的主要市场，长期以来作为品牌消费渠道有着良好的消费基础，是高端服装销售首选的场所。目前中国一部分百货公司的服装零售模式是，把卖场的位置出租给服装厂家或个体经营者，由服装厂家或个体经营者来进行服装销售，百货公司只收取一定金额的费用或租金。这样的做法使百货公司由商家的角色变成了物业管理者，虽然经营的风险大大降低了，但百货公司也丧失了获得更多利润的机会。同时，由于这种服装零售模式使中国的百货商场普遍存在着服装商品雷同、经营缺乏特色的弊端。在这种情况下，百货商场在与近年来新发展起来的购物中心、大型专卖店等购物场所的竞争中优势在不断下降。

（二）SPA 模式的自有品牌连锁店快速发展

在中国，服装零售企业将这种以快速反应著称的 SPA 自有品牌专业零售商经营模式（Specialty retailer of Private label Apparel）注入到传统的欧洲旗舰店概念中，形成了具有中国特色的自有品牌连锁店的服装零售模式。中国有很多服装品牌都采取了这种服装零售模式，这些 SPA 模式的自有品牌连锁店的商品种类非常齐全，涵盖了男装、女装、童装等各类产品，产品更新速度快，产品定位时尚，受到年轻消费者的欢迎。

（三）网络销售规模扩大，多品牌买手店铺数量增多

中国的服装电子商务已经趋向稳定发展，主要分为服装企业网上店铺、零售企业网上店铺。服装企业除了直接创办网上店铺外，还会在知名网站上开设网络旗舰店。此外，由于中国的消费者在对服装的需求上越来越追求时尚、品质、特色，多品牌买手店铺受到了认可和欢迎。

第三节　服装网络零售

一、服装网络零售模式的概念及特征

（一）服装网络零售模式概念及内涵

服装网络零售模式，顾名思义，就是服装行业以网络为平台进行销售，以互联网为媒介进行交易将销售商品限定为服装产品，通过网络渠道使服装产品从生产者转移到消费者手中的过程。

（二）服装网络零售模式特征

随着互联网技术日新月异，服装网络营销模式也呈现出很多鲜明的特色。首先，时效性是网络零售模式最显著的特征之一。网络零售以互联网为平台进行信息交流，互联网的信息更新速度日益加快，这也让网络销售的服装信息得到随时更新，极大提升了网络服装零售的时效性。

其次，服装网络零售向现代化网络营销、网络金融、网络数据升级。各个网络零售企业都提供了开放式平台，并且逐步深化了与金融业的合作。

第三，配套条件也日趋完善。国内大部分地区都提供了良好的物流条件，支付平台也契合了买卖双方的需求，从而营造了良好的网络零售环境。

二、服装网络零售的发展现状

我国网络零售行业起步较晚，近些年却有了飞速的发展。我国服装零售额每年都呈上升趋势，2008 年年底超过 2600 亿元，2015 年又超过 3000 亿元，与此同时各种网络销售平台也层出不穷，主要有 B2B、C2C、B2C、O2O、D2C 等几种。所谓 D2C 是一个新兴的网络零售平台，它偏向于服装设计，致力于结合时代与艺术，为顾客带来独特的感官享受，逐渐受到消费者的欢迎。

中国电子商务研究中心于 2015 年 10 月发布的《服装服饰网络零售发展报告》对各种服装品类的网络零售数据进行了细致的统计，对于了解服装网络零售现状很有助益。

（一）男士西裤

2015 年 10 月，男士西裤在 B2C 市场上共销售 25.8 万件，销售额为 3325.3 万元，成交均价为 128.7 元。销售量排在前三位的品牌为：Princesong、九牧王/JOEONE、满速/muszoom，其中 Princesong 的销售量最高，达到了 2.6 万件；销售额排在前三位的品牌为：九牧王/JOEONE、Princesong、威可多/VICUTU，其中九牧王/JOEONE 的销售额最高，达到了 342.6 万元。在电商渠道方面，天猫的销售量最高，占比为 88.9%。男性消费者高于女性，其中男性消费者占比为 63.9%；华东地区的消费者占比最高，达到 40.7%，其次为华北地区和华中地区。

表 1-2　2015 年 10 月男士西裤网络零售销售额排名 TOP20 品牌

排名	品牌	销售额占比（%）	排名	品牌	销售额占比（%）
1	九牧王/JOEONE	10.3	11	花花公子/PLAYBOY	2.0
2	Princesong	4.7	12	金利来/Goldlion	1.8
3	威可多/VICUTU	3.0	13	恒源祥/HYX	1.6
4	罗蒙/Romon	2.8	14	mbin	1.5
5	领般/Leabornes	2.8	15	七匹狼/SEPTWOLVES	1.5
6	满速/muszoom	2.7	16	SAROUYA	1.4
7	杉杉/FIRS	2.6	17	传桀	1.4
8	阿東	2.6	18	雅戈尔/YOUNGOR	1.3
9	柒牌/SEVEN	2.5	19	圣得西	1.3
10	霸王车	2.0	20	GXG	1.3

数据来源：中国电子商务研究中心，《服装服饰网络零售发展报告》

（二）男士衬衫

表 1-3　2015 年 10 月男士衬衫网络零售销售额排名 TOP20 品牌

排名	品牌	销售额占比（%）	排名	品牌	销售额占比（%）
1	波司登/BOSIDENG	3.0	11	七匹狼/SEPTWOLVES	1.5
2	泰之狼/tichilanz	2.7	12	南极人/nanjiren	1.4
3	恒源祥/HYX	1.9	13	艾涛/aitao	1.1
4	罗蒙/ROMON	1.8	14	海澜之家/heilanhome	1.1
5	优衣库/Uniqlo	1.7	15	战地吉普/AFSJEEP	1.0
6	雅戈尔/YOUNGOR	1.7	16	GXG	0.9
7	森马/Semir	1.7	17	欧比森/OBUTLYHEN	0.8
8	马克华菲/Mark Fairwhale	1.6	18	杰克琼斯/Jack Jones	0.8
9	郎萌/LANGMENG	1.5	19	MJX	0.7
10	太平鸟/PEACEBIRD	1.5	20	雪尚飞	0.7

数据来源：中国电子商务研究中心，《服装服饰网络零售发展报告》

2015 年 10 月，男士衬衫在 B2C 市场上共销售 519.2 万件，销售额为 44451.3 万元，成交均价为 85.6 元。销售量排在前三位的品牌为：波司登/

BOSIDENG、艾淘/aitao、泰芝郎/tichilanz，其中波司登/BOSIDENG 的销售量最高，达到了 15.3 万件；销售额排在前三位的品牌为：波司登/BOSIDENG、泰芝郎/tichilanz、恒源祥/HYX，其中波司登/BOSIDENG 的销售额最高，达到了 1329.2 万元。在电商渠道方面，天猫的销售量最高，占比为 92.6%。男性消费者高于女性，其中男性消费者占比为 61.1%；华东地区的消费者占比最高，达到 43.3%，其次为华北地区和华中地区。

（三）男士羽绒服

2015 年 10 月，男士羽绒服在 B2C 市场上共销售 61.3 万件，销售额为 16273.6 万元，成交均价为 265.4 元。销售量排在前三位的品牌为：战地吉普/AFSJEEP、森马/Semir、波司登/BOSIDENG，其中战地吉普/AFSJEEP 的销售量最高，达到了 4.1 万件；销售额排在前三位的品牌为：战地吉普/AFSJEEP、波司登/BOSIDENG、南极人/nanjiren，其中战地吉普/AFSJEEP 的销售额最高，达到了 962.4 万元。在电商渠道方面，天猫的销售量最高，占比为 85.0%。男性消费者高于女性，其中男性消费者占比为 53.7%；华东地区的消费者占比最高，达到 48.3%，其次为华北地区和华中地区。

表 1-4　2015 年 10 月男士羽绒服网络零售销售额排名 TOP20 品牌

排名	品牌	销售额占比（%）	排名	品牌	销售额占比（%）
1	战地吉普/AFSJEEP	5.9	11	雅鹿/yaloo	1.3
2	波司登/BOSIDENG	5.2	12	卡帝乐鳄鱼/CARTELO	1.2
3	南极人/nanjiren	4.1	13	LeoHan	1.2
4	森马/Semir	3.5	14	A21	1
5	优衣库/Uniqlo	3.3	15	ZUO&IEE	1
6	七匹狼/SEPTWOLVES	2.2	16	阿恩蓝拓/ALTFINEISM	0.9
7	马克华菲/Mark Fairwhale	1.9	17	劲霸	0.9
8	吉普盾/NIANJEEP	1.7	18	罗蒙/ROMON	0.9
9	Aeerohma	1.5	19	聚品奕晟	0.8
10	No. 1 dara	1.4	20	骆驼/CAMEL	0.7

数据来源：中国电子商务研究中心，《服装服饰网络零售发展报告》

（四）男士夹克

2015 年 10 月，男士夹克在 B2C 市场上共销售 324. 6 万件，销售额为 45412. 4 万元，成交均价为 139. 9 元。销售量排在前三位的品牌为：战地吉普/AFSJEEP、他尚/Hissse、KXP，其中战地吉普/AFSJEEP 的销售量最高，达到了 8. 3 万件；销售额排在前三位的品牌为：战地吉普/AFSJEEP、七匹狼/SEPTWOLVES、恒源祥/HYX，其中战地吉普/AFSJEEP 的销售额最高，达到了 1690. 8 万元。在电商渠道方面，天猫的销售量最高，占比为 93. 3%。男性消费者高于女性，其中男性消费者占比为 60. 6%；华东地区的消费者占比最高，达到 41. 2%，其次为华中地区和西南地区。

表 1－5　2015 年 10 月男士夹克网络零售销售额排名 TOP20 名牌

排名	品牌	销售额占比（%）	排名	品牌	销售额占比（%）
1	战地吉普/AFSJEEP	3. 7	11	KXP	0. 9
2	七匹狼/SEPTWOLVES	2. 5	12	古仕卡特/GUSSKATER	0. 8
3	恒源祥/HYX	1. 8	13	森马/Semir	0. 8
4	马克华菲/Mark Fairwhale	1. 8	14	与狼共舞/D－WOLVES	0. 8
5	海澜之家/heilanhome	1. 7	15	加西亚	0. 7
6	优衣库/Uniqlo	1. 5	16	泰芝郎/tichilanz	0. 7
7	太平鸟/PEACEBIRD	1. 1	17	奥派阿西/AUPAIAXI	0. 6
8	骆驼/CAMEL	1	18	Lilbertter	0. 6
9	劲霸	1	19	红杉堡/CHOSBOFS	0. 5
10	他尚/Hissse	0. 9	20	manhomme	0. 5

数据来源：中国电子商务研究中心，《服装服饰网络零售发展报告》

（五）男士 T 恤衫

2015 年 10 月，男士 T 恤衫在 B2C 市场上共销售 566. 6 万件，销售额为 35306. 9 万元，成交均价为 62. 3 元。销售量排在前三位的品牌为：战地吉普/AFSJEEP、特贝凡西/vansi、森马/Semir，其中战地吉普/AFSJEEP的销售量最高，达到了16.9万件；销售额排在前三位的品牌为：战地吉普/AFSJEEP、七匹狼/SEPTWOLVES、海澜之家/heilanhome，其中战地吉普/AFSJEEP的销售额最高，达到了1612.2万元。在电商渠道方面，天猫的销售量最高，占比为91.7%。男性消费者高于女性，其中男性消费者占比为60.2%；华东地区的消费者占比最高，达到36.6%，其次为华北地区和西南地区。

表1-6　2015年10月男士T恤衫网络零售销售额排名TOP20品牌

排名	品牌	销售额占比（%）	排名	品牌	销售额占比（%）
1	战地吉普/AFSJEEP	4.6	11	美特斯邦威/metersbonwe	0.9
2	七匹狼/SEPTWOLVES	2.8	12	酷衣购/kuegou	0.9
3	海澜之家/heilanhome	2.2	13	AMH	0.8
4	英爵伦/Enjeolon	1.9	14	恒源祥/HYX	0.8
5	森马/Semir	1.9	15	骆驼/CAMEL	0.8
6	与狼共舞/D-WOLVES	1.5	16	3968区	0.8
7	马克华菲/Mark Fairwhale	1.4	17	花花公子/PLAYBOY	0.7
8	衣品天成/Eptison	1.1	18	意大鹿	0.7
9	泰芝郎/tichilanz	1	19	真维斯/Jeanswest	0.7
10	布先生	1	20	法曼斯/Fomoce	0.7

数据来源：中国电子商务研究中心，《服装服饰网络零售发展报告》

（六）男士西服

2015年10月，男士西服在B2C市场上共销售22.8万件，销售额为7227.3万元，成交均价为317.3元。销售量排在前三位的品牌为：杰诺仕/Genorous、罗蒙/Romon、SAROUYA，其中杰诺仕/Genorous的销售量最高，达到了2.2万件；销售额排在前三位的品牌为：罗蒙/Romon、杰诺仕/Genorous、名松，其中罗蒙/Romon 的销售额最高，达到了 552.1 万元。在电商渠道方面，天猫的销售量最高，占比为 94.0%。女性消费者高于男性，其中男性消费者占比为 49.1%；华东地区的消费者占比最高，达到 45.7%，其次为华南地区和华中地区。

表 1-7　2015 年 10 月男士西服网络零售销售额排名 TOP20 品牌

排名	品牌	销售额占比（%）	排名	品牌	销售额占比（%）
1	罗蒙/ROMON	7.6	11	莱虎	2
2	杰诺仕/Genorous	6	12	柒牌/SEVEN	1.8
3	名松	4.2	13	邦仕普/Bonspol	1.7
4	满速/muszoom	3.9	14	报喜鸟/SaintAngelo	1.6
5	易珊荣品/EASESAN	3.3	15	帝坤	1.6
6	SAROUYA	3.2	16	阿希约尔	1.5
7	霸王车	2.4	17	萨拉赫优/Sarahoyou	1.2
8	法西盾	2.3	18	雅戈尔/YOUNGOR	1.2
9	左基堡/Z. G. B	2.2	19	培罗蒙/BAROMON	1.1
10	暖鹂尼洛	2.1	20	泉仕	1.1

数据来源：中国电子商务研究中心，《服装服饰网络零售发展报告》

（七）女士羽绒服

2015 年 10 月，女士羽绒服在 B2C 市场上共销售 83.4 万件，销售额为 23454.4 万元，成交均价为 281.3 元。销售量排在前三位的品牌为：欧曼妮莎/omlesa、波司登/BOSIDENG、乔士兰，其中欧曼妮莎/omlesa 的销售量最高，达到了 8.7 万件；销售额排在前三位的品牌为：波司登/BOSIDENG、欧曼妮莎/omlesa、茵曼/INMAN，其中波司登/BOSIDENG 的销售额最高，达到了 1179.5 万元。在电商渠道方面，天猫的销售量最高，占比为 77.9%。女性消费者高于男性，其中男性消费者占比为 28.4%；华东地区的消费者占比最高，达到 44.9%，其次为华北地区和华南地区。

表1-8　2015年10月女士羽绒服网络零售销售额排名TOP20品牌

排名	品牌	销售额占比（%）	排名	品牌	销售额占比（%）
1	波司登/BOSIDENG	5.0	11	艾莱依/ERAL	1
2	欧曼妮莎/omlesa	3.5	12	乔士兰	1
3	茵曼/INMAN	3.5	13	妖精的口袋/ELFSACK	1
4	优衣库/Uniqlo	2.8	14	千仞岗/CHERICOM	0.9
5	高梵/GOLDFARM	2.7	15	雪中飞/SNOWFLYING	0.9
6	雅鹿/yaloo	1.8	16	米尚/Misun	0.9
7	裂帛/LIEBO	1.4	17	欧时力/ochirly	0.8
8	斯尔丽/sierli	1.4	18	AMII	0.8
9	鸭鸭/YAYA	1.1	19	苏醒的乐园	0.7
10	森马/Semir	1.0	20	爱美斯/AIMISS	0.7

数据来源：中国电子商务研究中心，《服装服饰网络零售发展报告》

（八）女士羊绒羊毛衫

表1-9　2015年10月女士羊绒羊毛衫网络零售销售额排名TOP20品牌

排名	品牌	销售额占比（%）	排名	品牌	销售额占比（%）
1	戚米	3.1	11	端羊	0.7
2	叶枫翎	2.2	12	优衣库/Uniqlo	0.7
3	秋伦依尚	1.8	13	左微微	0.7
4	茵曼/INMAN	1.2	14	初棉	0.6
5	AMII	1.1	15	韩优尚	0.6
6	韩都衣舍/HSTYLE	1.1	16	裂帛/LIEBO	0.6
7	盛世绒/GOATHERO	1.1	17	莎鸥娜拉	0.6
8	恒源祥/HYX	0.8	18	乐町	0.6
9	伊人韩柜	0.8	19	歌莉韵	0.6
10	蝶米轩	0.7	20	优帛良衣	0.5

数据来源：中国电子商务研究中心，《服装服饰网络零售发展报告》

2015年10月，女士羊绒羊毛衫在B2C市场上共销售802.3万件，销售额为76634.6万元，成交均价为95.5元。销售量排在前三位的品牌为：

戚米、叶枫翎、秋伦依尚，其中戚米的销售量最高，达到了38.1万件；销售额排在前三位的品牌为：戚米、叶枫翎、秋伦依尚，其中戚米的销售额最高，达到了2344.8万元。在电商渠道方面，天猫的销售量最高，占比为98.6%。女性消费者高于男性，其中男性消费者占比为22.6%；华东地区的消费者占比最高，达到43.2%，其次为华北地区和华中地区。

（九）女士牛仔裤

2015年10月，女士牛仔裤在B2C市场上共销售261.0万件，销售额为24248.3万元，成交均价为92.9元。销售量排在前三位的品牌为：尚驭、汉森鸟/HANDSOMEBIRD、逸阳/ESE－Y，其中尚驭的销售量最高，达到了7.3万件；销售额排在前三位的品牌为：尚驭、逸阳/ESE－Y、韩都衣舍/HSTYLE，其中尚驭的销售额最高，达到了1075.6万元。在电商渠道方面，天猫的销售量最高，占比为94.8%。女性消费者高于男性，其中男性消费者占比为22.6%；华东地区的消费者占比最高，达到40.4%，其次为华北地区和西南地区。

表1－10　2015年10月女士牛仔裤网络零售销售额排名TOP20品牌

排名	品牌	销售额占比（%）	排名	品牌	销售额占比（%）
1	尚驭	4.4	11	淑美林	1.2
2	逸阳/ESE－Y	4.2	12	萌路	1.1
3	韩都衣舍/HSTYLE	3.1	13	森马/Semir	1.1
4	波司登/BOSIDENG	1.7	14	号仓/bahaocang	1.1
5	ONLY	1.6	15	右道/UDOT	1.0
6	汉森鸟/HANDSOMEBIRD	1.4	16	良帛佳	1.0
7	芮丽娅	1.4	17	缪佳	0.9
8	欧选	1.3	18	水谷雅子	0.9
9	音棉	1.3	19	乔彩	0.9
10	怡斐尚	1.2	20	Only modalism	0.9

数据来源：中国电子商务研究中心，《服装服饰网络零售发展报告》

（十）女裤

2015年10月，女裤在B2C市场上共销售629.0万件，销售额为

56399.3万元，成交均价为89.7元。销售量排在前三位的品牌为：逸阳/ESE-Y、雅羊人/YAYANGREN、珍依奇饰，其中逸阳/ESE-Y的销售量最高，达到了13.0万件；销售额排在前三位的品牌为：逸阳/ESE-Y、尚驭、韩都衣舍/HSTYLE，其中逸阳/ESE-Y的销售额最高，达到了1953.3万元。在电商渠道方面，天猫的销售量最高，占比为92.5%。女性消费者高于男性，其中男性消费者占比为42.1%；华东地区的消费者占比最高，达到42.2%，其次为华北地区和华中地区。

表1-11　2015年10月女裤网络零售销售额排名TOP20品牌

排名	品牌	销售额占比（%）	排名	品牌	销售额占比（%）
1	逸阳/ESE-Y	3.5	11	索菲丝尔/SOFSIL	0.7
2	尚驭	2.0	12	茵曼/INMAN	0.6
3	韩都衣舍/HSTYLE	1.7	13	欧选	0.6
4	优衣库/Uniqlo	1.3	14	汉森鸟/HANDSOMEBIRD	0.6
5	初语/TOYOUTH	1.0	15	梦舒雅/M-SUYA	0.6
6	ONLY	0.8	16	雅思诚	0.6
7	芮丽娅	0.8	17	Luck Bain	0.6
8	波司登/BOSIDENG	0.8	18	音棉	0.6
9	森马/Semir	0.8	19	淑美林	0.5
10	裂帛/LIEBO	0.7	20	娅丽达/YERAD	0.5

数据来源：中国电子商务研究中心，《服装服饰网络零售发展报告》

（十一）男鞋

2015年10月，男鞋在B2C市场上共销售676.7万件，销售额为86240.8万元，成交均价为127.4元。销售量排在前三位的品牌为：花花公子/PLAYBOY、木林森/MULINSEN、奥康/Aokang，其中花花公子/PLAYBOY的销售量最高，达到了22.1万件；销售额排在前三位的品牌为：花花公子/PLAYBOY、木林森/MULINSEN、奥康/Aokang，其中花花公子/PLAYBOY的销售额最高，达到了5325.3万元。在电商渠道方面，天猫的销售量最高，占比为92.2%。女性消费者高于男性，其中男性消费者占比为48.8%；华东地区的消费者占比最高，达到40.3%，其次为华北地区和华中地区。

表1-12　2015年10月男鞋网络零售销售额排名TOP20品牌

排名	品牌	销售额占比（%）	排名	品牌	销售额占比（%）
1	花花公子/PLAYBOY	6.2	11	金利来/Goldion	0.7
2	木林森/MULINSEN	3.4	12	卡帝乐鳄鱼/CARTELO	0.7
3	奥康/Aokang	3	13	欧利萨斯/OULISASI	0.7
4	骆驼/CAMEL	2.8	14	明若	0.7
5	红蜻蜓/REDDRAGONFLY	2.2	15	富贵鸟/FUGUINIAO	0.6
6	意尔康/YEARCON	1.4	16	卡丹路/Cardanro	0.6
7	斯米尔/Simier	1	17	卡骆驰/CROCS	0.6
8	斯凯奇/Skechers	1	18	康奈/kangnai	0.6
9	骆驼动感/camelactive	1	19	布洛克	0.6
10	爱步/ECCO	0.8	20	公牛世家/G. N. ShiJia	0.6

数据来源：中国电子商务研究中心，《服装服饰网络零售发展报告》

（十二）女鞋

2015年10月，女鞋在B2C市场上共销售778.3万件，销售额为103962.4万元，成交均价为133.6元。销售量排在前三位的品牌为：大东/DD、卓诗尼/Josiny、艾斯臣/Acesc，其中大东/DD的销售量最高，达到了13.0万件；销售额排在前三位的品牌为：卓诗尼/Josiny、艾斯臣/Acesc、古奇天伦/GUCIHEAVEN，其中卓诗尼/Josiny的销售额最高，达到了1982.9万元。在电商渠道方面，天猫的销售量最高，占比为85.1%。女性消费者高于男性，其中男性消费者占比为41.5%；华东地区的消费者占比最高，达到40.8%，其次为华北地区和西南地区。

表 1－13　2015 年 10 月女鞋网络零售销售额排名 TOP20 品牌

排名	品牌	销售额占比（%）	排名	品牌	销售额占比（%）
1	卓诗尼/Josiny	1.9	11	大东/DD	0.9
2	艾斯臣/Acesc	1.5	12	红蜻蜓/REDDRAGONFLY	0.9
3	古奇天伦/GUCHIHEAVEN	1.4	13	柯玛妮克/Komanic	0.8
4	骆驼/CAMEL	1.4	14	毅雅/YIYA	0.8
5	波尔谛奇/BOERDIQI	1.4	15	爱米高	0.8
6	斯凯奇/Skechers	1.3	16	如熙/RUXI	0.7
7	星期六/St&Sat	1.1	17	接吻猫/KISSCAT	0.7
8	达芙妮/DAPHNE	1.1	18	莫雷蔻蕾/MOOLECOLE	0.7
9	涉趣/SELFTREND	1.1	19	百丽/Belle	0.6
10	意尔康/YEARCON	1.0	20	珂卡芙	0.6

数据来源：中国电子商务研究中心，《服装服饰网络零售发展报告》

第四节　线上线下服装零售分析

中国服装协会日前发布报告显示，2015 年，我国服装行业加快了结构调整和转型升级，全行业总体发展基本良性，主要经济效益指标平稳增长。B2C 市场形势一片大好，各季度销售额保持在 50% 以上增幅，呈逐步攀升趋势，同时，整个线上服装市场正朝着高端化、品牌化方向发展。

一、线上线下表现迥然不同

2015 年，我国服装行业销售情况为：总体发展基本良性，主要经济效益指标平稳增长。根据中华全国商业信息中心的数据显示，2015 年 1～11 月，全国重点大型零售企业服装类商品零售额达 1921.48 亿元，同比增长 1.68%；各种服装销售量为 4.2 亿件，同比增长 4.77%。

与实体零售业的平稳运行相比，2015 年 B2C 市场服装服饰品类交易额迎来大幅增长。根据易观智库发布的数据监测报告显示，2015 年 1～12

月，中国 B2C 市场服装服饰品类交易规模达 6549.8 亿元，同比增长 66.08%。4 个季度分别以超过 50% 的同比增幅不断刷新增长纪录。从市场的整体形势来看，整个线上服装市场正往高端化、品牌化的方向发展，知名品牌、奢侈品牌开始在线上崭露头角，低端品牌将逐渐淡出视野。

可以看出，不同渠道销售表现迥然不同。服装线上渠道销售快速扩张，各电商平台和垂直电商已经成为服装内销的重要渠道，并对传统线下销售起到补充和一定程度的替代作用。线下服装销售增速逐步降低，其中大型零售企业增长乏力，专业市场受益于需求量大面广、渠道下沉和城镇化进程带来的消费能力提升等因素影响，增长相对较好。

二、渠道下沉或带来新的机遇

根据中华全国商业信息中心提供的数据显示，在全国范围内，畅销男装品牌以雅戈尔、金利来、杉杉、报喜鸟、九牧王、皮尔·卡丹等为主；女装榜单中，最畅销品牌以 ONLY、VERO MODA、拉夏贝尔和哥弟为主。可以看出，定位中高端、兼具设计与品质感的服装品牌更受市场欢迎。

根据北京商业信息咨询中心和上海服装行业协会统计的数据显示，北京、上海等一线城市的商业百货 2015 年零售量额均呈下滑走势，但 2015 年零售业迎来新的利润增长点。以大悦城、万达广场等为主的购物中心不仅进行了业态调整，着重布局儿童体验业态和餐饮业态，增强了顾客黏性，同时出现了渠道下沉趋势。

2015 年万达发布 2016 年计划，称将在三四线城市开设 55 个万达广场，数量相比 2015 年翻番，其中，安徽的亳州、瑶海、宿州，北京的丰台，东北的四平、鸡西、牡丹江、通辽，湖北的十堰、荆门等城市均在开店计划之中。

同时，王府井、万达、华悦等布局三四线市场的零售商业集团不在少数。未来，伴随着购物中心等商业体的渠道下沉，服装品牌下沉至三四线市场的趋势会越来越快，零售业将迎来新的发展机遇。

三、电商交易规模同比大幅增长

根据易观智库发布的《中国 B2C 市场季度监测报告》显示，2015 年中国 B2C 市场服装服饰品类交易规模达 6549.8 亿元人民币，同比增长 66.08%。

其中，第一季度交易规模达 1205.4 亿元，同比增长 54.1%，第二季度交易规模达 1444.1 亿元，同比增长 64.6%；第三季度交易规模达 1544.6 亿元，同比增长 68.6%；第 4 季度交易规模达 2355.7 亿元，同比增长 72.2%。

从整个电商零售市场来看，利用移动互联网，与线下购物场景进行深度融合，是未来网络零售发展的大趋势。另外，从电商零售领域的长期发展来说，PC、移动、实体店铺的高度融合是整个零售业发展的必然趋势，移动端作为率先实现与线下实体零售结合的工具，市场地位和重要性还将不断提升。

目前电商零售市场的品牌化趋势愈加明显，知名品牌、奢侈品牌开始在线上崭露头角，随着跨境海淘的兴起，众多海外品牌被引入中国，在丰富消费者选择的同时，推高了服装服饰品类的整体客单价，进一步推动了整个市场的增长。

（一）北京：全年销售额同比下降

根据北京商业信息咨询中心提供的数据显示，2015 年，参与统计的近 20 家亿元商场中，无论男西服还是女装品类的销售额均较 2014 年有所下滑，其中男西服降幅较大。

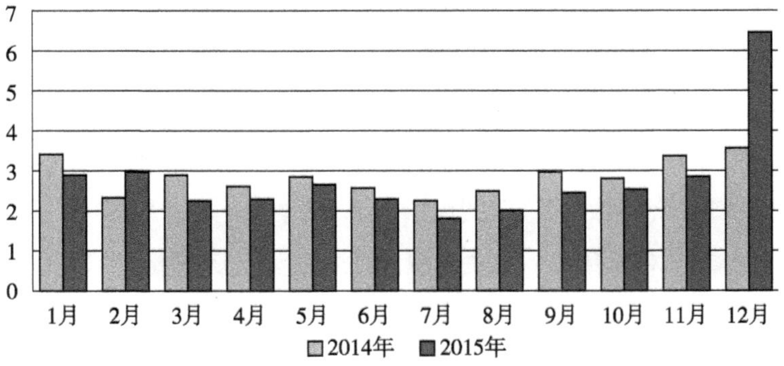

图 1－1　2014～2015 年北京亿元商场女装月度销售情况（亿元）

数据来源：北京商业信息咨询中心

分析可见，2015 年，参与统计的近 20 家亿元商场，女装总销售额突破 33 亿元，同比小幅下降 1.94%。其中 1～5 月总销售额整体平稳，6 月以后进入淡季，呈下跌走势，9 月开始回暖，12 月销售额达到峰值，环比大幅增长 122.58%，同比增幅达 83%。然而，除 2 月和 12 月外，其余月份销售额与 2014 年相比差距较大。

男西服方面，2015 年，参加统计的近 20 家亿元商场，男西服总销售额约 2.49 亿元，同比下降 5.02%。同女装销售情况相似，上半年男西服总销售额整体呈下降趋势，7～8 月降至低谷，9 月以后呈回暖趋势，其中，2、6、9、10 月销售额同比超过 2014 年。

具体到商场排名方面，王府井百货大楼领先优势明显，男西服各月销售额排名中 11 次夺冠，女装 3 次夺冠。累计排名中，王府井百货大楼、翠微大厦和燕莎友谊商城分别获得女装全年销售额金、银、铜牌；王府井百货大楼、银河万达百货和当代商城分别获得男西服全年销售额金、银、铜牌。

品牌排名方面，玫而美、玛丝菲尔和哥弟分列女装品牌冠、亚、季军，萨巴蒂尼、威可多和观奇洋服分列男西服品牌冠、亚、季军。

（二）上海：销售量额同比双双下滑

上海服装行业协会网络定期统计报表显示，2015 年，十大商场销售额与 2014 年相比呈下跌趋势。1～12 月销售额走势与北京基本相同，在 12 月达到最高，销售量在 5 月达到峰值。

数据可见，2015 年十大商场实现服装大类商品销售收入 47.75 亿元，同比下降 12.4%，总体累计销售 865.04 万件，同比下降 16.8%，平均销售价格为 552.1 元/件（套），同比增长 5.3%。

整体来看，2015 年 1～12 月，上海服装销售形势不容乐观，销售额、销售量同比双双下滑，且波动较大，降幅与上年同期相比进一步扩大，平均价格同比小幅增长。在服装分类统计中，几乎所有品牌的销售量额同比均呈下滑走势，一向被看好的童装品类也没能走出下滑魔咒。

值得指出的是，上海十大商场服装的销售情况受节假日和季节影响较大。春节长假期间，各品类服装销售量额出现明显攀升。而在“五一”小

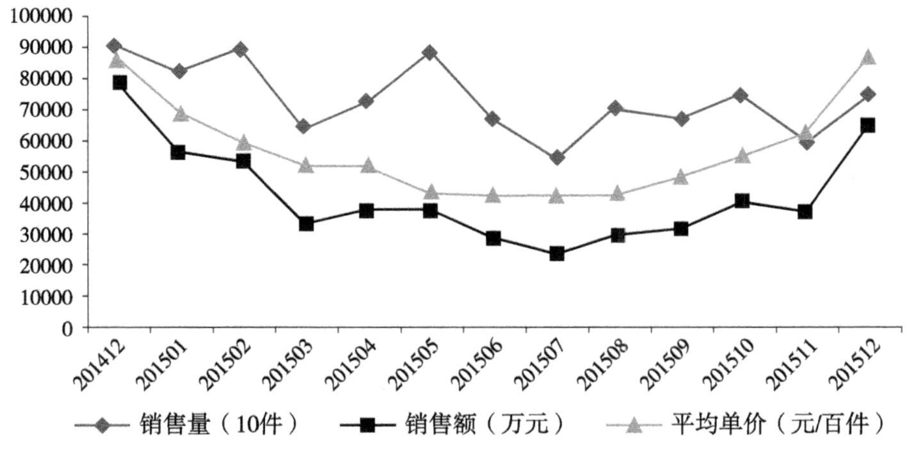

图 1－2　2015 年上海服装销售走势图

数据来源：上海服装行业协会网络定期统计报表

长假前期，传统百货商场服装销售量额出现环同比的增长，及至 6 月，上海服装销售市场进入销售淡季，11 月受电商冲击，上海实体零售量额大幅下滑，12 月进入销售旺季，但销售情况不及 2014 年同期。

第二章　服装网络消费者

第一节　服装网络消费者的现状

一、网络用户规模及结构

从网络营销的角度来看，网络市场是由现实和潜在需求且有支付能力的消费群体组成，其构成要素是人口、需求和购买能力。网络人口的数量与增长速度将影响企业网络市场的规模，网络人口的结构决定了企业在网络市场中应提供的产品或服务。中国互联网信息中心（简称 CNNIC）提供了大量关于我国上网人数、用户分析等方面的统计信息，这有助于企业动态掌握我国互联网的发展情况，为企业制定合理的网络营销策略提供可靠的决策依据。

最新的中国互联网信息中心《报告》显示，截至 2012 年 12 月底，我国网民规模达 5.64 亿，全年共计新增网民 5090 万人。互联网普及率为 42.1%，较 2011 年底提升 3.8 个百分点，普及率的增长幅度相比上年继续缩小。截至 2012 年 12 月底，我国手机网民规模为 4.2 亿，较上年底增加约 6440 万人，网民中使用手机上网的人群占比由上年底的 69.3% 提升至 74.5%，移动互联网展示了巨大的发展潜力。

CNNIC 最新发布的调研结果显示，我国网民的主体是 35 岁以下的年轻人以及未婚者，大学本科以下文化程度的人以及低收入者占据大多数，学生、专业技术人员比其他职业人员要多。从性别上看，男性网民仍然占有主导地位，我国网民中男女比例为55.8∶44.2，与2011年情况基本保持一致。网民在收入结构上也将趋于合理，网民中月收入在3000元以上的人群占比继续提升，达28.8%，相比2011年底提升了6.5个百分点。尽管我国网民结构不是很合理，但随着互联网技术的发展和普及，我国网民的结构正日益朝着合理的方向发展。

二、网络消费者现状

随着时代的进步，人们的生活速度也在不断加快，而网购的出现无疑为人们加快脚步的生活带来了便捷。网购行为简单来说，就是把实体商店直接"带"回家，利用互联网直接购买自己需要的商品或者享受自己需要的服务。

在中国，越来越多的人享受着这项便捷的服务。2011年12月22日，波士顿咨询公司发布了一份"全球电子商务的领导者：管理中国的网上购物新生态"的报告称，目前，中国的电子商务市场已经排名世界第二，并将迎来爆炸式增长。在2015年在线消费者的数量将激增至3.29亿人，成为世界上第一。该报告指出，中国的电子商务市场价值（销售实际价值）从1280亿元上升到4760亿元，几乎是日本或英国电子商务市场的价值的两倍，目前，中国4.57亿互联网用户，网络消费者的数量达到了1.45亿人，世界排名第二，仅次于美国的1.7亿人。

报告预测，到2015年，中国网络消费者的数量将飙升至3.29亿人，中国将成为全球最大的电子商务市场。此外，电子商务在我国零售总额中的占比，预计将从目前的3.3%增至2015年的7.4%，在美国，它用了10年的时间实现了这样的增长。

在5年内，大多数中国网上购物者网上消费有望翻一番，达到每个人6220元（约980美元），接近美国1000美元的平均水平。

随着消费者网购经验日渐丰富，他们的网络消费水平也不断提升。到2015年，更多的消费者将成为中产阶层及富裕人，让每一个消费者的网购消费大幅度增长，将近一倍左右。

三、服装网络消费者类型

根据服装网络消费者的购买行为，可以把服装网络消费者分为简单型、冲浪型、接触型、议价型、定期型5类，企业应将注意力集中在其中一两种群体身上，这样才能达到比较理想的营销效果。

简单型的消费者需要的是方便便捷的网上购物。他们购物的目的性很强，每个月只会花少量的时间上网，但是他们进行的网上交易却几乎占了一半。网络购物平台必须为这一类人提供真正的便利，让他们觉得在网络上购物真正会节省更多的时间和精力。

冲浪型的消费者没有明确的目标，常常会花很多时间在网上浏览，浏览内容也很广泛，包括流行资讯、娱乐新闻、服装购物网站等。该类型的消费者对常更新、具有设计特征和最新流行服装的服装购物网站很感兴趣。

接触型消费者是网络购物新手，他们刚刚接触网上购物，缺少网上购买服装的经验，对网上购买服装存在一定疑虑或怀疑，他们更愿意相信生活中的服装品牌。我国每年都有很多新的网民出现，这些网民都有可能成为接触型的服装消费者。因此，那些有着著名的传统品牌的服装公司应对这类人群保持足够的认识。

议价型消费者他们有一种趋向购买便宜商品的本能，他们喜欢货比三家，讨价还价，购买相对便宜的服装。

定期型服装网络消费者通常都是为网站的内容所吸引，对感兴趣的网站会定期访问，如新闻、商务等网站。该类消费者的网上购物行为具有一定的规律性，具有可预测性，从而使得网络营销人员可以提前做出相应的营销策略。

第二节　服装网络消费者的特征

一、服装网络消费者的群体特征

消费者行为以及购买行为永远是营销者关注的热点问题，对于网络营销者也是如此。服装网络消费者是网络零售的主要个体消费者，也是推动网络零售发展的主要动力，它的现状决定了今后网络零售的发展趋势和道路。

（一）注重自我

由于目前利用网络零售的消费者多以年轻、高学历用户为主，他们拥有不同于他人的思想和喜好，有自己独立的见解和想法，对自己的判断能力也比较自负。所以他们的具体要求越来越独特，而且变化多端，个性化越来越明显。因此，从事网络零售的企业应想办法满足其独特的要求，尊重消费者的意见和建议，而不是用大众化的标准来寻找消费者。

（二）头脑冷静，擅长理性分析

由于利用网络零售的用户主要是以大城市高学历的年轻人为主，他们不会轻易受舆论左右，对各种产品宣传有较强的分析判断能力，因此从事网络零售的企业应该加强信息的组织和管理，加强企业自身文化的建设，以诚信待人。

（三）喜好新鲜事物，有强烈的求知欲望

这些网络消费者爱好广泛，无论是对新闻、股票市场还是网上娱乐都具有浓厚的兴趣，对未知的领域报以永不疲倦的好奇心。好胜，但缺乏耐心，当他们搜索信息时，经常比较注重搜索所花费的时间，如果连接、传输的速度比较慢，他们一般会马上离开这个站点。

网络消费者的这些特点，对于企业加入网络零售的决策和实施过程都是十分重要的。营销商要想吸引服装消费者，保持持续的竞争力，就必须对本地区、本国以及全世界的网络用户情况进行分析，了解他们的特点，制定相应的对策。

二、服装网络消费者的需求特征

基于互联网的电子商务的出现，使消费者的消费者观念、消费方式和消费者的地位正在发生着重要的变化。电子商务的发展提高了消费者的主权地位。开放和共享的网络平台具有巨大的信息处理能力，为消费者挑选商品提供了前所未有的选择空间，使消费者的购买行为更加理性化。服装

网络消费者的需求具有以下几方面的特征。

（一）消费者需求的个性回归

工业化和标准化生产方式的发展，使得大量低成本、标准化的产品淹没了消费者的个性。随着网络的发展，消费者可以在全球范围内选择商品，消费者开始制定自己的消费者准则，整个市场营销又回到了个性化的基础之上。服装作为一种时尚、流行性很强的商品，消费者对服装的个性化需求更为强烈。

（二）消费者需求的差异性

消费者需求的差异性主要表现在两个方面：

（1）消费者的个性化消费使网络消费者需求呈现出差异化。

（2）因其所处环境不同，不同的网络消费者也会产生不同的需求；不同的网络消费者即便在同一个需求层次上，他们的需求也会有所不同，从而产生需求的差异性。

（三）消费者的主动性增强

消费者对消费的风险感随着选择的增多而上升，如服装销售网站和店铺为消费者提供了众多的服装挑选空间。在许多大额或高档的服装消费中，消费者往往会主动通过各种可能的渠道获取与商品有关的信息并进行分析和比较，以减轻风险或减少购买后的后悔感，增加对产品的信任程度和心理上的满足感。

（四）消费者可直接参与服装设计和生产过程

在传统服装销售过程中，消费者不能直接向生产商表达自己的消费需求。而在服装网络零售中，服装生产者直接面对消费者，消费者可以与生产商相互交流，可直接参与到服装设计和生产过程。目前已有很多服装品牌正在尝试网上定制服装，消费者可以在线上自行设计大衣，他们能够混合多种款式，选择颜色，还可以在衣服上添加一些细节设计，比如价格纽扣、文字刺绣等。

（五）购买服装的个性化体验

传统服装购买过程中，消费者通过人体多种感觉器官体验服装的各项物理性能。通过触觉感受服装面料的光滑程度、纹理、蓬松性、柔软性等力学性能；通过视觉感受服装面料的色彩、质地、花纹和光泽；用嗅觉体验服装是否带有异味。另外，购买服装还有一件非常重要的体验工作就是试穿，通过试穿服装来看服装的款式、颜色等是否和穿着者相匹配。这些不同的体验过程对服装购买者而言是非常重要的，这也是服装有别于其他商品的特点之一。由于网络环境是虚拟的，上述的这些体验是无法实现的，这也是制约服装电子商务发展的一个重要原因之一。为此，需要新的技术来弥补这方面的缺陷，目前三位虚拟试衣就是一个很好的想法和技术，可以提高网上购买服装的体验感。

（六）消费过程的便利性和购物乐趣并存

现代人工作压力大，生活节奏快，在购物时追求快捷方便，购物时在时间和劳动成本上追求节省。网络购物与传统购物比较最大的好处之一即是便利性，可以很好地满足现代人的快速需求。但另一方面，网络购物时在虚拟环境下进行，它必然会失去传统购物所表现出来的乐趣，这是相互矛盾的。因此，对于服装网络零售而言，要发展新技术和营销策略，力求在保证便利的同时能够提高消费者网购服装时的乐趣。

三、服装网络消费者的心理动机

动机是一种内在的心理状态，不容易被直接观察到或被直接测量出来，但它可根据人们的长期的行为表现或自我陈述加以了解和归纳。对于企业促销部门来说，通过了解消费者的动机，就能有依据地说明和预测消费者的行为，采取相应的促销手段。而对于网络促销来说，动机研究更为重要。因为网络促销是一种不见面的销售，网络消费者复杂的、多层次的、交织的和多变的购买行为不能直接观察到，只能通过文字或语言的交流加以想象和体会。网络消费者购买行为的心理动机主要体现在以下三个方面。

（一）理智动机

理智动机是建立在人们对于在线商场推销的服装商品的客观认识基础上的。众多网络购物者大多是中青年人，具有较高的分析判断能力。他们的购买动机是在反复比较各个在线商场的服装商品之后做出的，对所要购买的商品的款式、颜色、尺寸等，早已心中有数。理智购买动机具有客观性、周密性和控制性的特点。在理智购买动机驱使下的网络消费购买动机，首先注意的是服装的先进性、科学性和质量高低，其次才注意服装商品的经济性。这种购买动机的形成，基本上受控于理智，而较少受到外界气氛的影响。

（二）感情动机

感情动机是由于人的情绪和感情所引起的购买动机。这种购买动机还可以分为两种形态，一种是低级形态的感情购买动机，它是由于喜欢、满意、快乐和好奇而引起的。这种购买动机一般具有冲动性和不稳定性的特点。还有一种是高级形态的感情购买动机，它是由人们的道德感、美感和群体感所引起的，具有较大的稳定性和深刻性的特点。而且，由于在线商场提供异地买卖送货的业务，大大促进了这类购买动机的形成。

（三）惠顾动机

这是基于理智经验和感情上的，对待定的网站、图标广告、商品产生特殊的信任和偏好而重复地、习惯性地前往访问并购买的一种动机。惠顾动机的形成，经历了人的意志过程。从它的产生来说，或者是由于搜索引擎的便利、图标广告的醒目、站点内容的吸引；或者是由于某一驰名商标具有相当的地位和权威性；或者是因为产品质量在消费者心目中树立了可靠的信誉。这样，网络消费者在为自己做出购买决策时，心目中首先确立了购买目标，并在各次购买活动中克服和排除其他的同类水平产品的吸引和干扰，按照事先决策采取购买行动。具有惠顾动机的网络消费者，往往是某一站点的忠实浏览者。他们不仅自己经常光顾这一站点，而且对众多网民也具有较大的宣传和影响力，甚至在企业的商品或服务一时出现某种过时的时候也能予以谅解。

第三节　服装网络消费者的消费行为

一、服装网络消费者的消费行为过程

消费者的消费行为过程，是消费者需求、购买动机、购买活动和买后使用感受的综合与统一。消费者通过虚拟的购物环境，浏览、搜索相关商品信息，然后结合自己的实际需要做出购买决策。对于消费行为过程的分析有助于企业更好地了解服装网络消费者的需求，从而为企业进行网络营销提供必要的支持。

服装网络消费者的消费行为过程可分为确认需求、信息收集、比较选择、购买决策、购后评价 5 个阶段。

（一）确认需求

网络消费过程的起点是消费者的需求。消费者的需求是在内外因素的刺激下产生的，内因是自我的需要，如季节的变更需要购买当季服装，外因是广告等营销方式诱导消费者产生购物的欲望，当消费者对市场中出现的某种商品或某种服务产生兴趣后，才可能感到购买欲望。这就要求服装网络营销人员注意了解自己所销售服装的假定客户的实际需求和潜在需求，了解这些需求在不同时间的变化和诱发需求的刺激因素，进而设计巧妙的促销手段去吸引更多的消费者访问网站，引发他们的需求欲望。

（二）信息的收集

消费者有购买服装的需求后，就会花费一定的时间和精力，通过不同渠道收集符合自己需求的服装的相关信息，如价格、品牌、面料等。信息搜集的渠道主要有两个方面：内部渠道和外部渠道。内部渠道是指消费者本人所拥有的关于服装方面的信息，包括购买服装的实际经验、对市场的观察以及个人渠道、商业渠道和公共渠道。个人渠道是指消费者通过亲戚、朋友或同事等获取相关服装的购买信息和体会，另外通过网络获取其他消费者购买服装的评价也是一个很重要的收集服装信息的个人渠道。这种信息和体会在某种情况下对购买者的购买决策起着决定性的作用，网络零售决不可忽视这一渠道的作用。商业渠道主要是通过商家有意识的活动把商品信息传播给消费者，网络零售的信息传递主要依靠网络广告和营销平台中的产品介绍。

消费者收集服装信息时首先在自己的记忆中搜寻可能与所需服装相关的信息，如果信息量不足，他就会选择外部渠道搜索相关信息。根据消费者对信息需求的范围和对需求信息的努力程度不同，可分为以下三种模式。

1. 广泛的问题解决模式

该类型的消费者尚未建立评判特定服装或特定品牌的标准，也不存在对特定服装或品牌的购买倾向，而是很广泛地收集某种服装的信息。

2. 有限的问题解决模式

有限的问题解决模式的消费者已建立了特定服装的评判标准，但尚未建立对特定品牌的倾向，这时消费者会有针对性地收集特定服装或品牌的信息。

3. 常规的问题解决模式

在这种模式中，消费者对将来购买的服装或品牌已有足够的经验和购买倾向，他的购买决策需要的信息较少。

（三）比较与选择

消费者通过各种渠道收集足够的服装信息后，根据产品的功能、可靠性、性能、模式、价格和售后服务等内容，对信息进行分析、比较、研究，从中选择一种自认为“足够好”或“满意”的产品。

网络零售环境中，消费者不可能直接接触服装实物，只能通过页面内容了解服装，因此网络零售商就需要对自己的服装进行充分的文字和图片描述，如细节放大的技术，以吸引更多的消费者。

（四）购买决策

网络消费者行为是指网络消费者在购买动机的支配下，从多件商品中选择一件满意商品的过程。网络消费者在决策购买某商品时，一般会考虑生产厂家的信誉度、网上支付的安全性等因素。购买决策是网络消费者购买过程中最重要的组成部分，它基本反映了网络消费者的购买行为。

相对传统购买方式，网络消费者在购买决策时有三个显著特点：第一，网络购买者的动机以理智动机为主，感情动机所占比例较小；第二，网络购买决策受外界影响较小；第三，网上消费的决策行为比传统购买决策速度快。

（五）购买后的评价

消费者购买商品后，往往都会对自己的购买选择进行评价，该评价通常能够决定消费者以后的购买动向，同时也能起到广告的作用。另外，网络购物环境中消费者的评价对其他想购物的消费者具有显著影响。利用互联网的交互性强的特点，现在几乎所有的网络零售平台都提供消费者够买后评价功能，如直接填写评价、电子邮件等方式，商家收集到这些评价之后，通过分析和归纳，及时了解消费者的意见和建议，发现产品和服务中的缺陷和不足，制定相应对策。

二、服装网络消费者的消费行为特征

随着服装网络零售的发展，服装已经成为国内网购的第一大品类，成为众多消费者网购的目标。消费者网购服装时在电商的选择、价格等方面都表现出一些共性，概括起来主要表现为以下几点。

（一）选择知名网站

消费者购买服装时，淘宝网、淘宝商城、凡客诚品、京东等知名购物网站常常是首选。网络购物市场主要分为 C2C 和 B2C 两种类型。C2C 市场中，淘宝网依然呈现一家独大，占据C2C市场交易金额的九成左右。B2C网络消费者主要集中在淘宝商城、凡客诚品、当当网、唯品会和卓越网等网站。最多的B2C购物网站是天猫（原淘宝商城），用户渗透率达到35%。

（二）服装的消费额偏低

CNNIC报告显示，2010年网络消费者年均网购消费金额3259元，而服装网购用户年平均花费1122元（包括在B2C和C2C网站上购买）。

（三）网络消费频率高

普华永道的全球多渠道零售调查报告显示，我国消费者最爱网上购物，其网购频率是欧洲消费者的近4倍、美国和英国消费者的近2倍，其中购买服装类、鞋类等商品的比例约为60%～65%。

（四）消费者角色多元化

互联网的开放性和交互性赋予了网络消费者新的角色，网络消费者不仅仅是被动的购物者，在购买服装的商业活动中可以利用各种网络交互工具发布与消费相关的各种信息，如所购服装的穿着感受、面料质感、色牢度、保养便捷性、购物体验、商家的服务等，从而消费者也可以积极参与到商业活动中，且对商家能够产生很大的影响。

第四节　实证研究——服装网络消费行为

本实证研究通过社交网络购买产品这一行为以及与之相关的变量展开研究。具体从两个方面着手，一是检验出社交网络的几项基本特征，二是这些特征对消费者的态度以及购买意向所产生的影响。本文通过对调查问卷所获得的数据进行分析，检验了研究假设。最后根据数据分析的结果，提出了适用于国内社交网络的合理建议，对我国社交网络零售商的发展具有一定的理论价值和实践意义。

一、理论背景

（一）社交网络

所谓社交网络是指产品购买受社交网络或社交关系影响的电子商务，也可以理解为通过社交媒体而实现的电子商务。2008 年，在美国成立的 Groupon 拉开了团购商务模式的序幕，社交网络自此备受关注。这是一种消费者在卖家规定的时间内，购买一定数量以上的产品，即可享受超低价的分销方式。作为新兴的分销路径，社交网络尚未普及。因此，了解社交网络平台上的消费者购买行为会被哪些因素左右就显得十分重要。诚然，有很多研究已经论证过网站的特征会对消费者的购买行为产生影响。社交网络，其本质也是一种电商，从这一层面来讲，我们认为网站的特征通过社交网络与购买行为建立了联系。

研究购物网站的特征可以以线下实体店铺的特征为基础。先行研究以普通店铺的先行研究为参考依据，导出网站环境、产品结构、产品价值、客户服务、便利性以及可信度等作为网店的构成因素，并探讨了它们与消费者购买意向之间的关联性。Suh（2008）认为，可将购物网站的促销活动、导航的便捷以及导购等特征作为影响网站使用性的因素，将沟通质量、购物服务以及安全性等特征作为影响网站可信度的因素。购物网站特征与产品相关的购买行为之间的关联性的相关先行研究对这些特征做了具体分析：有画面构成和时间信息相关的视觉特征；产品结构和产品信息相关的产品特征；支付、安全、网站名称等信任特征；缓冲速度及信息可传递性等便捷特征；辅助说明和客服等服务特征；以及促销特征。然而时至今日，社交网络特征相关的研究依然凤毛麟角，对影响着消费者购买行为的网站特征研究变得十分必要。

在社交网络上，卖家在限定时间内销售特定产品，在产品需要迅速更新的前提下，相较于产品结构，产品的价格、品牌、质量等产品价值对网站而言更为重要。即便是在团购的模式下，产品价值也至关重要，一些个人买手网店会将大牌产品在限定时间里低价出售。这时，产品价格或者代表产品自身质量的产品价值就变得更有意义。在限定时间内进行销售这一特征，对产品搜索及购买的速度有很高的要求，网站是否便捷影响着消费者如何选择以及是否购买。与实体店铺的购物感受相比，网店的便捷性意味着购物不再受时间和空间的限制，通过社交网络的网络营销，店铺提供给消费者的不单单是产品价格信息，更多的是时间及空间上的便利。除此之外，名牌与否、高质与否、交易安全与否等信任相关特征对社交网络而言也十分重要。在早期关于电商交易的研究领域中，信任被认为是消费者能否接受该网络平台的重要因素。

信任的自变量和因变量相关的研究在电商研究领域中占主导地位。线上交易中“信任缺失”仍然是网店发展过程中的最大障碍，这也意味着消费者对网站的信任程度至关重要。综上，本文认为社交网络的特征，即产品的价值、使用的便利性以及信任度，对社交网络平台上的消费者购买态度及购买意向有显著影响。

（二）消费者态度及购买意图

态度是对可选方案的一个整体评价，态度和购买意向都会对消费者未来的购买结果产生影响。Bagozzi（1992）表示：偏好与意向截然不同，即便有喜好倾向，也未必会产生购买行为。即，态度虽然在一定程度上可以预测购买行为，但根据所处情况不同，也仅能对某些行为做预测。因此，了解消费者购买行为，不仅需要研究态度还应研究购买意向。

在社交网络平台上购买产品时，态度将对购买意向产生积极影响。在对未来的预测性上，由于某些不可控因素的影响，购买意向并不具备绝对的前瞻性，理性行为理论认为，购买行为是在行为意向下产生的决策行为。本文认为，购买意向是导致消费者最终购买的直接决定性因素，而在消费者决策的因果关系中，态度又扮演着媒介的角色。由此，先行研究提到的网购消费者态度以及购买意向的重要性也将在本文中得到再次证实。

二、研究方法及步骤

（一）研究假说及模型

本实证研究旨在研究社交网络特征对消费者态度及购买意向所产生的

影响，研究模型如图 2－1 所示。

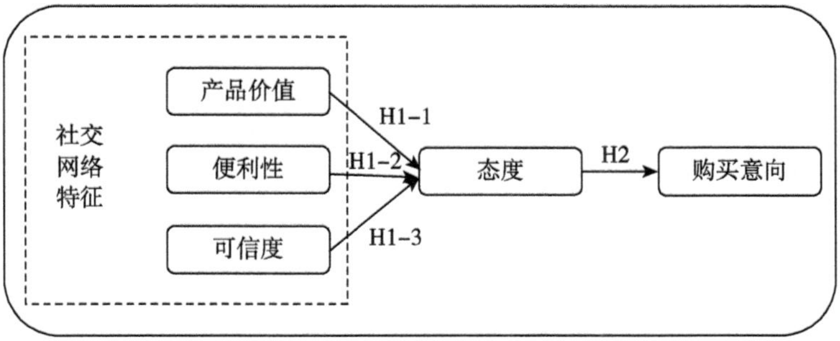

图 2－1　研究模型

假设 1： 社交网络的特征将影响消费者对社交网络的态度。

假设 1－1： 社交网络的产品价值（product value）对消费者态度产生积极影响。

假设 1－2： 社交网络的便利性（convenience）对消费者态度产生积极影响。

假设 1－3： 社交网络的可信度（trust）对消费者态度产生积极影响。

假设 2： 消费者对社交网络的态度将影响其购买意向。

（二）样本及分析方法

本文以最近一个月内通过社交网络购买过产品的中国消费者为调查对象，2017 年 5 月 8 日至 14 日进行了问卷调查，共有 400 份有效问卷用于数据分析。

依据先行研究，问卷题项包括社交网络的特征、消费者态度、消费者购买意向、人口统计学特征等内容。社交网络特征运用了 Ahn and Lee（2002）的部分变量，如产品价值、便利性、可信度。具体问项按照社交网络的实际特征进行了修改，最终选用 6 个问项。消费者对社交网络的态度和购买意向参考了 Shin（2010）以及 Overby and Lee（2006）的变量，依据本文内容修改后最终选取 3 个问项。

（三）样本特征

本次调查的参与者共 400 人，其中男性 197 人（占 49.3%），女性 203

人占550.8%）；未婚者131名（32.8%），已婚者269人（67.3%）；20岁至30岁共138人（34.5%），30岁至40岁共163人（40.8%）；最高学历为大学本科的情况最多，共245人（61.3%）；家庭平均月收入在2万~3万元的情况最为普遍，共157人（39.3%），其次是3万~4万元，144人（36.0%），1万~2万元的70人（17.5%）。

三、研究结果及分析

（一）主要变量的信度分析及效度分析

在分析研究模型之前，首先对本文采用的理论变量（因子）进行效度检验及信度检验。通过信度分析，导出Cronbach's α系数，排除了4个影响整体信度的测度项，最终信度系数如表2－1所示。每个问项的Cronbach's α系数均在0.7以上，内部一致性较高。

研究变量的有效性通过验证性因子分析（confirmatory factor analysis，CFA）检验，并通过结构方程建模来测试，模型中的拟合优度根据绝对拟合优度指数、比较拟合优度等指标判定，通过对多种指标进行综合比较、探讨所做出的模型判定才最具有说服力。尤其是卡方值X^2对样本的大小以及所测试变量的数量比较敏感，即便p值在有效范围内（$p<0.05$），也并不意味拟合差，因此需要结合其他指标才能对模型拟合情况做出合理的判断。

本次实证研究采用判断标准为卡方X^2的自由度小于5时，拟合度高（Park & Lee，2009）的理论，将GFI、RMR的绝对拟合优度指数、NFI、CFI等比较拟合优度指数作为判断拟合度的依据。测试模型的验证性因素分析结果显示，$X^2=278.823$，df＝55，$X^2/\mathrm{df}=5.070$，GFI＝0.904，AGFI＝0.842，RMR＝0.036，NFI＝0.954，CFI＝0.963，符合拟合测试标准（表2－1）。

聚合效度（convergent validity）是当测量同一潜在因子的多重指标彼此间聚合有关联的情况下出现的效度，可以通过标准因子负荷量、平均提取方差值（AVE）以及概念信度（CR）来检验。Bagozzi and Yi（1988）指出，当标准因子负荷量大于0.7，AVE大于0.5，CR大于0.6时，方可判定聚合效度为佳。本文数据结果显示：CR 值为 0.724～0.879，AVE 值为 0.560～0.585，这就说明该研究模型具有聚合效度（表 2－1）。

表 2－1　变量的验证性因子分析结果

Construct	Items	Standardized factor loading	t − value	Cronbach's α	CR	AVE
产品价值	社交网络平台上销售的产品质量都很好	.806	–	.797	.983	.563
	社交网络平台上销售的品牌产品都是正品	.896	22.947***			
便利性	通过社交网络平台购买产品的过程很简单	.782	–	.724	.965	.585
	通过社交网络平台购买产品很方便	.727	18.027***			
可信度	这家社交网络平台是我信得过的人向我推荐的	.752	–	.794	.964	.584
	这家社交网络平台上的产品是值得信任的	.757	18.340***			
消费者态度	为了购买产品而使用社交网络是非常好的选择	.800	–	.849	.987	.592
	通过社交网络平台购买产品是受益的	.837	21.176***			
	通过社交网络平台购买产品是被认可的	.794	19.705***			
消费者购买意向	我以后将通过社交网络平台购买产品	.807	–	.879	.990	.560
	我打算在社交网络平台购买产品	.866	22.542***			
	我将把社交网络推荐给其他人	.819	20.815***			
	我打算继续通过社交网络平台购买产品	.722	17.633***			

*** $p < .01$

区分效度（discriminant validity）是当一个潜在因子与其他因子之间不存在相关性的情况下出现的效度，各因子的AVE与因子之间的平方相关值进行比较，当AVE大于平方相关值时，区分效度即可视为存在。表2－2显示，除消费者态度和购买意向的平方相关值以外，其他的AVE均大于平方相关值。与其说态度和购买意向是相对独立的变量，不如说它们是具有因果关系的变量，因此它们不具有区分效度，对此有必要开展后续研究。

表2－2　变量（因子）的平方相关值及AVE

	产品价值	便利性	可信度	消费者态度	消费者购买意向
产品价值	.563a				
便利性	.497b	.585			
可信度	.552	.448	.584		
消费者态度	.470	.515	.482	592	
消费者购买意向	.485	.549	.504	.503	.560

a：各因子的平均提取方差值（AVEs）沿对角线显示。

b：对角线下方的数字为两个因子之间的平方相关值。

（二）假设的验证

首先为了验证假设1和假设2，本文建立了结构方程模型。结构模型的检测结果显示$X^2=217.428$，$df=63$，$X^2/df=2.053$，RMR＝0.064，GFI＝0.949，AGFI＝0.993，CFI＝0.949，NFI＝0.935，RMSEA＝0.023，表明相对良好的拟合度（图2－2）。

表2－3中模型的标准路径系数以及t值表明，社交网络的产品价值（$\beta=0.550$，$t=12.659$）、便利性（$\beta=0.278$，$t=9.982$）、可信度（$\beta=0.365$，$t=12.372$）均对消费者态度产生显著影响，假设1成立。即，在社交网络上购买产品时，如果可以让消费者认可所销售的产品是高品质品牌的正品，并且觉得购买过程及网站使用足够便利，那么消费者对社交网络的态度就会越好。这与Lee（2012）的研究结果不谋而合，社交网络特征通过影响忠诚度从而增强消费者的二次消费意向。对社交网络的信任也对态度有显著影响，先行研究表示信任源于态度，本文也再次证实了这一

结论。在所有变量中，产品价值对态度的影响最大，基于互联网的社交网络产品大都以折扣价销售，这就弱化了价格意识，消费者反而对产品质量等价值特征更加重视。

消费者对社交网络的态度（$\beta = 0.541$，$t = 13.452$）对其产品的购买意向有显著影响，假设2成立。即，消费者对社交网络越有好感，其购买产品的意向就越强。产品价值的标准路径系数（$\beta = 0.550$）最高，也就意味着产品价值对态度的影响最大，接下来依次为可信度（$\beta = 0.365$）和便利性（$\beta = 0.278$）。为了增强消费者在社交网络上购买产品的意向，改善消费者对社交网络的态度，除了注重产品质量以外，还应该简化产品目录或购买过程的页面，给消费者提供一个便捷的购买体验。假设验证结果见表2-3。

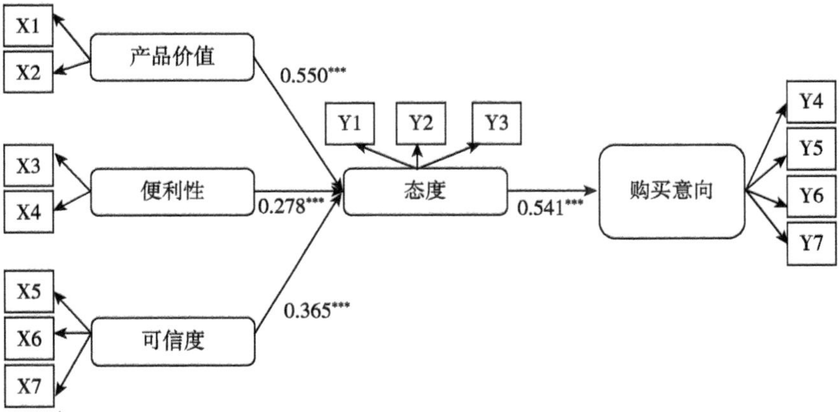

图2-2 结构方程模型的数据结果

$X^2 = 217.428$，$df = 63$，$X^2/df = 2.053$，$RMR = 0.064$，$GFI = 0.949$，$AGFI = 0.993$，$CFI = 0.949$，$NFI = 0.935$，$RMSEA = 0.023$；*** $p < 0.001$

表2-3 模型检验

H	Path between variables	Path coefficient	S. E.	t-value	结果
H1-1	产品价值 → 态度	.550	.043	12.659***	成立
H1-2	便利性→ 态度	.278	.028	9.982***	成立
H1-3	可信度 → 态度	.365	.029	12.372***	成立
H2	态度 → 购买意向	.541	.077	13.452***	成立

本实证研究基于时下日新月异的社交网络，通过探究社交网络特征与消费者对网站的态度以及产品的购买意向之间相互作用的关系，对消费者购买产品的行为进行了深入分析。本文致力于通过探究哪些因素会对消费者态度及购买意向产生影响，从而为社交网络的发展提供建设性意见。研究结果与建议如下：

社交网络中，网站特征（产品价值、便利性、可信度）对消费者态度有显著影响，从而对购买意向产生积极影响。其中，影响力最大的社交网络特征是产品价值。由此也证明了消费者态度在其中起着媒介作用。

综上，为了提高消费者在社交网络上购买产品的可能性，卖家应该优化货源以提升产品价值。这就要求社交网络对入驻品牌进行统筹完善的管理，通过调查消费者对品牌认知及偏好，有针对性地向消费者提供优质产品。另外，应该多引进消费者熟知的品牌并保障正品。另一方面，鉴于社交网络在产品的销售时间与销售数量上的限制，购买过程的便利与否也至关重要。简洁的设计，一目了然的结构，甚至简化完成结算所需要的步骤，都会为网站加分。

借助于智能手机和SNS急速崛起的社交网络，为产品分销渠道提供了多种可能。目前，针对社交网络的研究尚有不足，现有研究亦很少涉及产品特征，本文就社交网络展开深入分析，弥补了学术数据的不足，意义重大。但是调查的样本地域有所局限，数据结果具有一定的片面性，规模有待扩展。未来研究亦可导入价格敏感度以及增强购买意向的其他变量，通过分析消费者对购入产品的满意度，对购买行为展开更加深入全面的探究。

第三章　产品因素与服装消费行为

第一节 服装品牌

一、服装品牌的定义

服装品牌是一种名称、术语、标记、图案，或是它们的结合，用以识别某个服装生产商、经销商的产品或服务，并使之与竞争对手的产品和服务相区别。品牌由三个层次组成：核心层、中间层和外表层即品牌形象层。品牌核心层是产品本身，它包括质量、性能、尺寸、价格等商品的一般属性。品牌中间层由产品名称、品牌的标识符号、造型设计等构成。品牌形象层则包括了消费者对品牌的认知程度、信任程度、价值评定等品牌形象的价值部分。

二、服装品牌的心理功能

（一）识别的功能

品牌是服装产品的一种特定标志，它有助于消费者在购买服装产品过程中，辨识并挑选他们所需要、所喜好的商品。同时，消费者可以通过品牌来了解、记忆服装产品的生产经营单位，以便得到相关的服务，例如售后服务和索赔等。在现实消费活动中，很多消费者都是根据品牌商标来购买服装产品的。一旦消费者认定了某一品牌，就会产生偏好而习惯性地购买。

（二）保护功能

服装品牌一旦在国家商标局注册后就受到法律的保护，任何假冒、伪造商标的行为都要受到法律的制裁。品牌受法律保护的功能是非常重要的，它不仅仅维护了制造商和销售商的经济利益和企业形象，而且让消费者在购买和使用商品时有一种安全感和信赖感，从而可以促进服装产品的销售。

（三）提示和强化功能

当服装消费者存在某种需求时，品牌的提示效应可以使消费者对商品产生偏好，从而影响消费者的购买决策，最终促成购买行为，这就是商标的提示功能。消费者使用该服装产品后如果感觉良好，那么这种好感觉就会加深消费者对该品牌的印象，它会使消费者在以后对这种商品的购买变成一种理性的购买或习惯性的购买；反之，一个与消费者心理不符的服装品牌，会强化消费者对商品的鄙弃心理，这就是品牌的强化功能。

三、服装品牌商标设计

（一）服装品牌商标设计的心理要求

（1）商标设计要个性鲜明，富于特色。

（2）商标设计要造型优美，文字简洁。

（3）商标设计要具有时代气息，反映社会发展的潮流趋向。

（4）商标设计应与商品本身的性质和特点相协调。

（5）商标设计要遵从法律法规，并顺应不同国家、民族、宗教和地域的消费者的心理习惯。

（二）服装品牌商标设计的心理策略

1. 简洁性商标设计策略

消费者在购买服装产品时，对服装的注意时间很短。如果商标的设计过于复杂难懂，消费者就不易辨别和记忆，从而影响消费者对服装产品和企业的认识。

2. 富有感染力的商标设计策略

生动活泼的造型易于吸引消费者的视线，富有感染力的文字能激发消费者的美感，从而产生强烈的吸引力，达到过目难忘的效果。

3. 形象一致的商标设计策略

商标与所代表的服装产品要名副其实，能使消费者视标知物。商标应能使消费者联想到它所代表的服装产品或劳务，这样设计出的商标称为形意商标。

4. 中性化商标设计策略

采用公司的字母缩写而成的抽象几何图形作为服装商标，这些字母或图案本身没有任何具体的意义，但经宣传后已被广大消费者所接受。

第二节　服装品质

传统商场购衣过程除了通过视觉获得服装的颜色、款式等属性外，还可以通过触觉认识服装本身的质地，通过试衣判断服装剪裁效果、舒适度。网购过程中，消费者只能通过电脑显示屏，或者如手机、掌上电脑等设备上的电子图像，通过视觉进行识别，识别方式的局限性容易使消费者对服装的认识产生偏差，同时对网络商店的销售也产生影响。因此，如何在局限的视觉感受条件下，提高对商品的认识质量和商品销售说明，是本文所要探讨的问题。

一、服装品质描述识别

商品的文字描述是使消费者能直接的认识商品的关键，因此网络购物时可以借助于文字语言的描述来提高对商品的认识。对于服装面料来说，可进行描述的方面很多，为了提高效率、突出重点，网络商店一般会对产品的以下方面进行描述：（1）质地；（2）组织结构；（3）手感。一般来说，面料外观和手感的描述是最需要关注的，对消费者来说最具有指导意义的，因此这一方面的描述消费者应该更加关注。

二、服装品质特性

下属表 3－1 仔细分类了各类服装品质的特性。

表 3－1　服装品质的特性

类型	适合服装类型	优点	缺点
棉布	时装、休闲装、内衣、衬衫	轻松保暖、柔和贴身、吸湿性、透气性甚佳	外观不大挺括美观，在穿着时必须时常熨烫
麻布	休闲装、工作装、普通夏装	强度极高、吸湿、导热、透气性甚佳	穿着不甚舒服，外观较为粗糙、生硬
丝绸	女士夏装	轻薄、合身、柔软、滑爽、色彩绚丽、富有光泽、穿着舒适	易产生褶皱、容易缩水、不够结实、褪色较快
呢绒	礼服、西装、正规高档服装	防皱耐磨、手感挺括、富有弹性、保暖性强	洗涤较为困难，不适用于制作夏装
皮革	适合时装、冬装	轻盈保暖、雍容华贵	价格昂贵，贮藏、护理方面要求较高，不易普及
化纤	适合各类服装	色彩鲜艳、质地柔软、悬垂挺括、清爽舒适	耐磨性、耐热性、吸湿性、透气性差，预热容易变形，容易产生静电
混纺	适合各类服装	各类天然纤维和化纤各自的优点，一般具有舒适、凉爽透气的优点，并经济实惠	因混合了化学成分，有些混纺易燃性较高

第三节　服装风格

一、服装风格分类

（一）主流风格

指适合大多数消费者、在市场上成为主导产品的风格。包括都市风格、乡村风格、浪漫风格、严谨风格、简约风格、传统风格、前卫风格、经典风格。

（二）支流风格

适合追求极端流行的消费者，在市场上比较少见，但往往是流行的前兆。包括军警风格、变异风格等。

二、服装风格表述

服装风格就是服装所表现出来的设计理念和流行趣味。品牌必须要有鲜明的风格定位，使它能从众多的品牌中被消费者所辨别及认定。目标市场和产品类别可以相同，但风格必须有所区别。

服装风格的理念是针对品牌形象的主体风格进行抽象和概括的，也是设计师和商品企划师对时尚及其创意的具体阐述。不同风格的理念均可以进行语言的抽象描述。

三、服装风格设计

（一）消费者对服装风格设计的心理要求

消费者对服装风格的需要是购买过程的第一步，所以风格设计必须从消费者的需要出发。一般来说，消费者对服装风格的心理需求主要有以下几种：

1. 方便使用

指具有可靠的功能，在使用服装过程中应当便捷，操作要简单，其基本效用有保障，省时、省力。

2. 经济耐用

经济是指价格要合理，使用成本不高。耐用性是指服装要经久耐用，使用寿命长，质量稳定性要好。

3. 安全舒适

能保证使用者的身心健康，要保证其无毒、无害、无污染等无任何副作用；在使用过程中能充分适应人体的生理结构和使用要求，减轻人体的劳动强度，同时增加舒适感。

4. 审美情趣

能引起消费者的审美情趣，对环境或人体起到美化作用。消费者选购产品不但重视它的使用价值，而且也关心它的美学价值，所以对服装风格的外观、造型、款式、色彩、图案等都要进行评价，并且直接影响到服装的取舍。

5. 突出个性

社会的进步使人们的个性得到了更加充分的解放，消费者希望通过具有独特个性的服装风格来满足个体的个性心理需要。

6. 体现时尚

消费者普遍具有的求新、求变、从众、趋同等心理倾向，使时尚性服装产品层出不穷，追求时尚已经成为一种社会风气。

（二）服装风格设计的心理策略

成功的服装风格设计必须能满足消费者的心理需求。消费者对服装风格的心里追求是多样化的，应当针对不同产品的心理追求采用不同的心理策略。

（1）针对满足消费者基本需要的设计策略：使用优化策略；性能提高策略；功能多样化策略；人体力学策略。

（2）针对消费者个性心理特征的设计策略：效用细分策略；地位显示策略；个性标榜策略；情感寄托商品；目标追求策略。

（3）适应消费者需求发展变化的设计策略：适应未来消费者模式的设计策略；适应未来消费者心理的设计策略；适应未来消费决策模式的设计策略。

第四节 服装价格

一、服装价格的定义

价格是市场营销组合的重要变量，价格定位是服装企业市场营销组合的关键活动之一，价格决策正确与否，与服装企业活动的成败息息相关。服装价格是服装价值的货币表现，而服装价值具有多重价值取向。不仅具有有形价值，还具有无形价值，如艺术价值、名誉价值、权利价值、实效价值等，使得服装价格决策变得复杂。因此服装价格定位和决策既是一门科学又是一门艺术。

二、服装价格的心理功能

（一）服装价值认识功能

服装价格在一定程度上体现了服装价值的大小和质量的高低，是服装商品效用程度的一个客观尺度，具有衡量服装价值的功能。在现实生活中，人们用价格作为尺度和工具认识服装商品，通常情况下，服装价格高，其价值就大，质量就好，使用性就强。价格这种衡量尺度的心理功能，在现实生活中经常表现为消费者普遍具有“一分钱一分货”、“便宜没好货，好货不便宜”的心态。在实际购买活动中，同样一件服装商品，质地看上去相似，款式也相近，但如果其中一件包装精美，标价 500 元的那件品质好、价值高，200 元的相对品质差、价值低。

当科学技术飞速发展的今天，服装商品更新速度日益加快，新产品不断投放到市场上，一般消费者因服装商品专业知识不足，鉴别能力不强，难以准确分辨新产品质量的优劣和实际价值的高低，这时价格就成为消费者衡量服装质地好坏与价值高低的尺度。

（二）自我意识的比拟功能

心理学认为，自我意识是意识的形式之一，是个人对自己心理、行为和身体特征的了解、认识，它表现着认识自己和对待自己的统一。服装价格的自我意识比拟，是服装价格人格化的心理意识，即借助于商品价格来反映消费者自我的一种心态。

价格不仅体现服装的价值，还象征着消费者的社会经济地位。消费者在购买商品时，往往还通过想象和联想，把商品价格与情趣爱好、生活品质、价值观、文化品位等个性化特征联系起来，以满足自身的社会心理需求。这就是服装价格的自我意识的比拟功能。服装价格的自我比拟功能有着多方面的内容。

（三）调节需求的功能

服装价格对消费者需求量的影响甚大，价格的高低对需求有调节作用。一般来说，在其他条件既定的情况下，消费需求量的变化与价格的变动呈现相反的趋势，即价格上涨时，消费者需求量减少；价格下降时，消费需求量增加。所以，价格和需求相互影响、相互制约。价格调节需求的功能要受到服装商品需求价格弹性的制约。需求价格弹性是指因价格变动而引起的需求量的相应变动率，它反映了需求变动对价格变动的敏感程度。需求价格弹性的大小，会因为服装种类的不同和消费需求程度的不同而有所差别。有些服装商品的价格稍有变动，其需求量就发生大幅度变化，即需求价格富有弹性，奢侈品高端服装品牌即属于这一类；有些服装商品价格变动很大，而需求量变化很小，即需求价格缺乏弹性，低端服装商品就属于这一类。

第五节　实证研究——消费者购物价值

与传统服装购物相比较，在电子商务环境下，服装消费者行为更加复杂：网络消费者不仅追求质量而且也希望自己的愿望能及时得到解答，除此之外，随着经济的发展，在虚拟的平台上，人们似乎更能放得开购买一些平时自己并不会买的服装产品，而且人们的消费观念也有了一些变化，即更多地追求情感和个性是否得到满足与尊重这些额外的价值。在这种情况下，要在电商市场上占据一席之地并且长远发展，都是需要研究消费者的网购心理，了解他们的网购价值。本次实证研究成果，可以应用于网店为创造消费者价值所进行的各项活动，通过创造消费者价值，达到网店满意，进而形成对网店的持久忠诚。

一、理论背景

（一）消费者购物价值

西方学者提出了消费者价值的概念是在20世纪80年代，关于消费者价值的研究，吸引国内外广大学者的关注，研究成果也是相当可观。就这样，购物价值的概念在十数年间也得到了丰富。随着网络经济的快速发展，网络购物领域的消费者购物价值研究也越来越受到学界的关注。

在营销学界，首先提出购物价值概念的是Hirschman and Holbrook（1982），他们认为，消费者不仅仅只是通过功利价值来对产品进行价值判断，同样也会通过享乐主义（Hedonic）价值来进行价值判断的。因此，研究总结得到在网络营销中购物价值包括了两种利益：功利性利益（Utilitarian Benefit）和享乐性利益（Hedonic Benefit）。

因此，本研究也基于前人已有的显著的研究理论成果，将购物价值分为两个方面，即享乐主义购物价值和功利主义购物价值这两个方面。功利主义购物价值取决于自己的购买需求能否在网购过程中得到快速有效地满足；享乐主义购物价值则更注重的是在购物过程中为消费者带来的感受，例如愉悦、开心等正向积极的感受。

简而言之，实用主义购物价值是出于实际的购买需要进行的购物行为，类似于做一项工作；而享乐主义购物价值的消费者注重享受购物的过程以及购物所带来的体验、心情的变化等，是一种消遣。所有的网络消费者大抵可以分为这两大类的购物价值，通过研究这两种的购物价值观，消费者根据自己的选择和偏好，在大量的网店中渐渐形成自己的偏好。然而在研究电子商务中消费者价值驱动因素时，通常会先研究探讨消费者的态度或行为，这样就把消费者购物价值看作网店满意的影响因子（如，Jarvenpaa and Todd，1997；Chen and Dubinsky，2003）。这样就由消费者购物价值的思想态度转化为满意度而采取行动达忠诚。

（二）网店满意度

目前我国电子商务已经取得了高速的发展，网上购物得到越来越多人的青睐，特别是年轻人以及那些长期处在高速工作状态的白领阶层。如果消费者是网店的生命线，那么消费者对网店的满意度对网店获利能力的高低、市场占有率的多少有决定性的作用。因此，在电子商务竞争激烈的当今，如何提高网店满意度成为网店急需关注的问题。

传统意义上的满意度是指消费者购买到的实际的产品与他的期望相比较，形成的愉悦到失望的其间的感觉状态。许多研究表明，满意度是产生回头客、消费者重复购买并且成为忠实消费者的重要决定要素，能提高企业的利润率。很多研究表明，为了实现消费者忠诚，学者们一再地强调提高消费者满意度的重要性。

本研究针对的是线上店铺，若消费者的实际感知服务价值大大超过了其预期价值，则消费者对网店高度满意，进而产生网店忠诚，重复购买；反之，若消费者的预期价值大于其实际感知服务价值，则产生消费者抱怨，若能及时采取服务补救措施，可挽回消费者，若网店经营者疏忽不重视这个问题，就会使消费者转移到其他网店。

对于购物价值与网店满意的关系，国际学术界的若干研究证实，消费者购物价值决定网店满意。例如，Zhan et al.（2003）研究了网络忠诚度的驱动因素，并且通过问卷调查研究表明，消费者购物价值对消费者网店忠诚意向有显著的正向影响。另外，Anderson and Srinivasan（2003）在实证研究结果中也表明，网店满意度对网店忠诚度有显著的正向影响。还有Shankar et al.（2003）研究表明，满意和忠诚是互惠的相关关系，而且这种关系在网络环境中更加明显。

（三）网店忠诚度

从传统意义上讲，重复购买行为或者重购倾向体现出了消费者的忠诚度（Jacoby and chestnut 1978），对于这点，毋庸置疑。另外，Dick and Basu（1994）也认为，真正的忠诚度消费者会有较高的满意度并且还会有重复购买行为。

Day（1969）是第一个提出应该综合态度和行为这两方面来考察消费者忠诚度原因。他指出，要做到真正的忠诚，不仅要有重复购买的行为，消费者还会有体验感受，即对该品牌持赞许等正向积极的态度，换句话说，也就是对该品牌或商品的满意度。这个态度反映出消费者的满意与否以及满意程度。

网店忠诚即E忠诚这一新兴概念尚无明确定义，目前通用的概念认为，E忠诚是指网上消费者由于对某一网店的偏好和喜爱，一般表现为：会经常光顾这一购物网站，有需要时第一个想到的就是这个网店，随时关注网店的产品折扣或更新的产品信息等信息，而且还会产生具体的购买行为，甚至反复购买该网店的产品或服务，平时生活中也会无意识地对该网店做“推介建议”等宣传的行为。

目前，基于E忠诚的定义并不多，青岛理工大学的赵发敏和陶勇教授等人经过研究认为，E忠诚大致分为三种类型。本研究主要探讨基于意向忠诚的网购行为。基于意向忠诚的E忠诚的定义即：网络消费者在以往的购物体验的基础上会在未来的预期购买行为的影响，或者愿意再次光顾当前选择的网店进行购买的意向性。这种观点主要强调态度上的忠诚，也是本研究主要考察的方向。

Gale（1994）指出，通过理解价值消费者购物行为和思想的变化，就能掌握消费者的购物需求，从而也就能达到消费者的满意度和消费者忠诚度。另外，Bames（2000）也直接提到了购物价值能创造满意度，而持续满意则创造忠诚。由此可知，购物价值为企业创造网店忠诚度的重要因素。

二、研究方法

（一）研究模型

本研究以耶尔文佩和托德的“价值－满意－忠诚”的范式为基础。本研究框架的基本思想是，电商传递的购物价值会影响网络消费者对网店的态度即网店满意度，网店满意度又会直接对网店忠诚度产生影响。

因此，根据思路设计的研究框架如图3－1所示，由前置变量消费者购物价值、中介变量网店满意度和结果变量网店消费者忠诚三类变量和相应的路径关系构成。

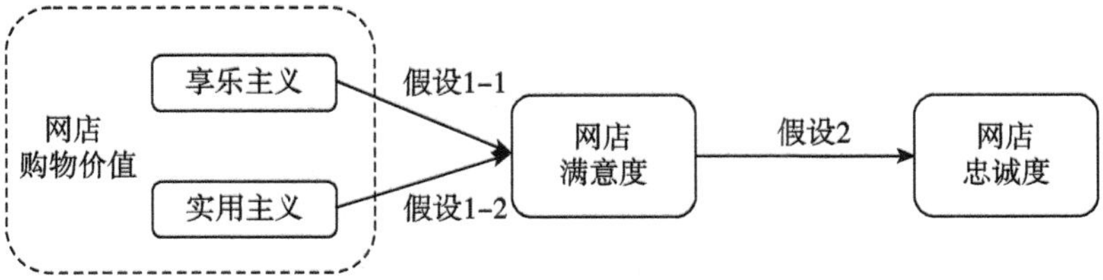

图 3-1　研究模型

（二）研究假设

在传统的实体店中，对于消费者价值与消费者满意的关系，国际学术界的若干研究证实的结果都表明：消费者价值决定消费者满意，消费者价值是消费者满意的基础。

在电子商务环境下也有许多学者做了大量研究。Shun（2004）认为，消费者价值是消费者对于在购物过程中会权衡比较自己预期想购买到的和最贴近自己需要又相对有价格优势的，这是一种认知的过程。在这个过程中，消费者满意偏重于购物过程带来的感受：从消极到积极这期间的情感值。基于这点，消费者对于价值的判断就会影响其满意水平，在网络经济环境下的实证研究也支持了消费者价值对于消费者满意有积极的作用这一观点。

浙江大学查金祥等人（2006）也同样认为，消费者对网络购物价值与网络消费者满意度有着密切的关系，并通过实证分析证明了感知价值与消费者满意的正向相关关系。基于前人研究的结果，本文认为，在网络购物环境里，网络消费者价值与消费者满意之间是正相关的关系。有如下假设：

假设 1：网店购物价值对网店满意度有直接显著的正向影响。

1. 享乐主义消费者价值与网络消费者满意

正如前文所说的，享乐主义认为购物过程的体验能为消费者带来情感层面的收获，是一种消遣享受的过程。翻阅很多资料也显示，许多学者和调查报告都讨论了消费者体验价值即享乐主义价值在促进网上购物中的作用，而且结果是消费者体验的好坏直接影响了消费者的满意度。研究还表明，网络消费者在网上购物过程中会因为感觉不到虚拟过程中钱的流失，对在实体店可能不会买但在网店会买的观点的变化，还有对购物过程带来的娱乐性、便利性产生很大的感情享受，这些都表明网络消费者的享乐主义的价值越高，在正向的情绪的引导下，网络消费者的满意度不断增加。因此本文作出如下假设：

假设1-1：享乐主义购物价值对网店消费者满意度有直接显著的正向影响。

2. 实用主义消费者价值与网店消费者满意

实用主义购物价值是指消费者在进行购买行为时是有明确目的的，他们会更加注重产品的实用价值和实惠程度。在网上购物的过程中，如果消费者购买到的商品与网店所宣传的不相符合，或者购买到的产品品质没有预期的那么好，实用主义的消费者就会对该网站甚至对该网店失去信心，最终会减少在这个网店的购买甚至完全放弃网购。由于网络环境的虚拟特性，在线产品大多数以图片或视频形式展现给消费者，对于产品质量的好坏并不能实际检查，消费者唯一能权衡和比较的就是价格的高低。基于以上特性本研究认为，对于实用主义网店提供的关于产品质量的保证会提高消费者的满意和信任，进而能增加消费者满意。本文支持大部分学者的研究，故有如下假设：

假设1-2：实用主义网店价值对网店消费者满意度有直接显著的正向影响。

3. 网络消费者满意与网络消费者忠诚

关于消费者满意对消费者忠诚的影响历来说法很多，也并没有明确统一的定论，大抵有正面肯定的态度以及保留态度这两种。大多数研究都认为，消费者满意度与消费者忠诚度之间存在着显著的正向关系，且满意度为忠诚度重要的决定因素之一。高度满意的消费者，其忠诚度高，也就会自然而然有反复在该网店进行购买的行为发生；反之，感到不满意的消费者，其忠诚度低，就不会成为回头客重复购买甚至不会有老消费者带来新的消费者。虽然众说纷纭，但是长期以来人们还是认为消费者满意与消费者忠诚之间的关系是简单的、近似线性的。本研究认同多数学者的观点，并且认为在网络购物的环境下也同样适用，故有如下假设：

假设 2：网店购物满意度对网店忠诚度有直接显著的正向影响。

（三）量表设计

1. 变量开发原则

定量分析是本研究的研究方法，采取调查问卷这一工具。问卷设计的好坏、指标选取的适用性、内容结构的信度和效度等都会直接影响到本文最终的研究价值，所以需要慎重地设计合理的问卷。

网店消费者价值、网店满意度和网店忠诚度是本专著的研究对象，也是构成本文结构方程模型的基本变量。一般说来，量表开发需要遵循以下几个方面的原则：

（1）有效的测量工具。本研究根据国内外学者过去开发的优秀的量表，从中抽取代表性的问题作为问项，从而提高问卷的可信度。

（2）多问项测量原则。本研究对于特定的概念采用了至少两个以上的问项来测量（Churchill，1979）。因此，在本研究模型中问项都是 3 个以上的量表来测度模型中的概念。

（3）信度和效度原则。设计完成的量表和问卷必须具备相应的信度和效度才能应用于正式研究。

2. 变量的操作化定义

针对本研究中的 3 个概念，即网店消费者价值、网店满意度、网店忠诚度，许多学者已经对此进行了大量的研究和测度，所以本项量表的设计主要是在回顾已有文献的基础上加以综合延伸而成的。在问卷设计的过程中，查阅了大量的文献资料，设计了初步的调查问卷，参考了国内外学者已有的研究成果，并对细节部分也进行了仔细的斟酌与多次修改。在本研究提出的概念模型中，3 个变量采用以下操作定义：

表 3－2　各项变数的量表

享乐主义（Hedonic）	有助于转换情绪，让我忘掉烦恼	Holbrook et al. （1982）
	感到兴致勃勃，很愉快	Barrv J. Babin（1994）
	不知不觉时间就过去了	Jason M Carpenter Marguerite（2005）

续表

实用主义（Utilitarian）	可以找到合适价位的商品	Terry L. Childers, Joann Peck, Leida Chen (2000) Davise (1989)
	可以找到实用的商品	
	可以找到我需要的商品	
	可以在短时间内达成消费目的	
网店满意度（Online store satisfaction）	对该网店提供的服务及产品都满意	Jarvenpaa et al. (1999) Venkatesh and Davis (2000)
	最后总会决定在该网店上购买产品	
	该网店很会做生意	
	选择在该网店消费很明智	
网店忠诚度（Online store Loyalty）	以后我会经常在这家网店消费	Jarvenpaa et al. (1999) Venkatesh and Davis (2000)
	我会成为这家网店的忠实拥护者	
	这家网店会成为我网购时的首选	

（四）问卷与样本设计

1. 问卷设计

本问卷采取5点测量表，从“1”分表示最低，“5”分表示程度最高。问卷包括两部分：关于网店消费者价值分别对网店满意度以及忠诚度的影响调查量表和消费者个人信息。其中，第一部分采用5分李科特量表，第二部分采用单项选择题的形式。

2. 样本设计

问卷于2015年3月份中旬采取网络电子问卷通过社交网站发布传递的调查方式进行。问卷调查的样本是在大城市且具有多次网购经历并且有了自己的网店忠诚度的网络消费者。

有研究表明，大学生代表了最活跃的网络购物者（Yoo & Dontbu，2001）。主要是考虑到，大学生是一特殊群体，他们比一般人有着更多的计算机和网络技能、因特网和计算机经历以及更高的教育水平，相对而言，也更能接受和适应最新的科技进步成果。因此本研究决定，以在校大学生作为主要调查对象，其中也包括部分其他的人群，但是都是实际有过网购经验的人群，故问卷确实都是有效的。

三、研究结果分析

（一）数据收集

关于电子商务和网络购物的研究，一般有网络电子问卷和传统纸质问卷两种收集方式。本研究主要是对网络消费群体中比较年轻的一代，采用网络电子问卷的形式，问卷是在网上进行的，其中问卷的网站为 http：//www. wenjuan. com/。本次调研收集时间为 2015 年 3 月 10 日至 2015 年 4 月中旬，共收集 200 份有效问卷。

（二）描述性统计分析

表 3－3　描述性统计分析

人口统计特征		频数	百分比（%）	人口统计特征		频数	百分比（%）
年龄	19 周岁以下	12	6	性别	男	80	40
	20～29 周岁	171	85. 5		女	120	60
	30～39 周岁	9	4. 5	婚姻状况	未婚	182	91
	40～49 周岁	6	3		已婚	18	9
	50～59 周岁	2	1	家庭平均月收入	1 万以下	82	41
教育程度	高中及以下	12	6		1 万～2 万	73	36. 5
	大学在读	126	63		2 万～3 万	14	7
	大学毕业	56	28		3 万～4 万	8	4
	研究生在读	2	1		5 万～6 万	6	3
	研究生毕业以上	4	2		6 万以上	17	8. 5
职业	职员	21	10. 5	居住地	华北	112	56
	服务人员	2	1		东北	29	14. 5
	技术人员	28	14		华东	19	9. 5
	专业人员	8	4		华中	33	16. 5
	学生	136	68		华南	2	1
	主妇	1	0. 5		西南	1	0. 5
	其他	4	2		西北	4	2

1. 年龄段

从调查结果的年龄段中可以看出，网购的人群主要是年轻的一代，“80后”、“90后”居多。中国互联网络信息中心（CNNIC）发布的《第35次中国互联网络发展状况统计报告》显示，截至2014年12月，我国网民的主要群体的年龄段在以10～39岁之间，比例合计达到78.1%。本调查研究与CINNIC相比差距较大，这主要是本文的调查对象大多数为在校大学生，因此18～30岁比例高达96%。

2. 性别及婚姻状况

在本调查中，男性的比例占40%，女性占60%，男女比例为2∶3。中国互联网络信息中心（CNNIC）发布的《第35次中国互联网络发展状况统计报告》显示，中国网民男女比例为56.4∶43.6,。本调查和中国的大趋势整体差距不大（由于本调查面向的是大学生，因而已婚与未婚比例为91∶9）。

3. 教育程度以及职业

中国互联网络信息中心（CNNIC）发布的《第35次中国互联网络发展状况统计报告》显示，网民大多是中等教育分子，网民中学生群体的占比最高，为23.8%。由于本调查样本面对在校的大学生，因而与大环境的比例相比差别很大。

4. 家庭平均月收入

根据报告显示：中国网民月收入在2001～3000元、3001～5000元的群体占比重最高，分别为18.8%和20.2%。本调查取值的是家庭成员总共的平均月收入，大致就是调查中的前两项，但是由于样本主要在较发达的城市，其比值较高，比值为41%和36.5%。

5. 中国内居住地

因为采用的是网络电子问卷，设置了关于住址所在地的问项设置。主要在北方的城市占了56%。

（三）信度与效度分析

1. 信度分析结果

本文采用Cronbach's alpha信度分析。Henderson（2003）认为，α值应在0.70以上，最低门槛值不能低于0.30。其中α测量指标与量表的相关系数（CITC）反映了维度的内部结构，CITC指数不应低于0.40。

由表3－4可知，4个变量的Cronbach's α值均大于0.70，所以可以认为问卷中4个变量的测量结果是可信的，且可信度高，能满足后续研究需要。各因子的内部一致性分析良好，见表3－4。

表3－4　信度分析结果

因子	指标	CITC	Cronbath's α
享乐主义价值 Hedonic	有助于转换情绪，让我忘掉烦恼	0.553	0.844
	感到兴致勃勃，很愉快	0.599	
	不知不觉时间就过去了	0.426	
实用主义价值 Utilitarian	可以找到合适价位的商品	0.507	0.850
	可以找到实用的商品	0.562	
	可以找到我需要的商品	0.478	
	可以在短时间内达成消费目的	0.408	
网店满意度 Online store satisfaction	对该网店提供的服务及产品都满意	0.417	0.860
	最后总会决定在该网店上购买产品	0.628	
	该网店很会做生意	0.541	
	选择在该网店消费很明智	0.490	
网店忠诚度 Online store loyalty	以后我会经常在这家网店消费	0.682	0.917
	我会成为这家网店的忠实拥护者	0.700	
	这家网店会成为我网购时的首选	0.696	

2. 效度分析（主要是因子分析）

测量了信度还是不够的，因为信度高的测量量表也可能是无效的，所以还需要进行效度检验。本研究进行了探索性因子分析，结果表明各题项的因子载荷都在0.50以上，且没有交叉载荷，说明量表具有良好的构建效度。因子分析的结果和题项见表3－5。

表 3-5　效度分析之因子分析

因子		题项	因子载荷	特征根	解释方差%
购物价值	Hedonic（享乐主义）	有助于转换情绪，让我忘掉烦恼	0.856	3.963	37.765（37.765）
		感到兴致勃勃，很愉快	0.873		
		不知不觉时间就过去了	0.787		
	Utilitarian（实用主义）	可以找到合适价位的商品	0.702	1.155	35.354（73.120）
		可以找到实用的商品	0.826		
		可以找到我需要的商品	0.795		
		可以在短时间内达成消费目的	0.821		
Online store Satisfaction（网店满意度）		对该网店提供的服务及产品都满意	0.788	20817	70.415
		最后总会决定在该网店上购买产品	0.891		
		该网店很会做生意	0.840		
		选择在该网店消费很明智	0.834		
Online store loyalty（网店忠诚度）		以后我会经常在这家网店消费	0.923	2.573	85.761
		我会成为这家网店的忠实拥护者	0.928		
		这家网店会成为我网购时的首选	0.927		

（四）假设检验

1. 消费者网购价值对消费者网店满意度影响的假设检验

通过散点图观察发现，网店消费者价值的各维度与网店满意度之间存在线性关系。因此，需要通过多元回归分析来检验网店消费者忠诚和网店满意度之间的关系。建立模型 1，以网店消费者满意为因变量，享乐主义价值观和实用主义价值观为自变量，进行多元回归分析。数据分析得到：多元回归方程的确定系数为 0.664，调整后的确定系数为 0.661（见表 3-6），说明消费者价值的两个维度即实用主义和享乐主义能够解释网店满意度 66.1% 的变化，可以认为网络消费者价值对网店满意度具有重要的影响作用。

表 3－6　购物价值与网店满意度假设检验结果

Model	R	R^2	Adjusted R^2	Std. Error of the Estimate
1	0.815[a]	0.664	0.661	0.477

[a]Predictors (Constant)：Hedonic 享乐主义价值，Utilitarian 实用主义价值

对模型 1 的 F 检验结果见表 3 －7。从中可知，该模型的 F 值为 194.633，显著性水平为 0.000，说明该模型显著，即在享乐主义购物价值与实用主义购物价值中，至少有一个维度与客户满意显著相关。

表 3－7　显著性检验

Model		Sum of Square	*df*	Mean Square	F	Sig.
1	Regression	88.766	2	44.383	194.633	0.000[a]
	Residual	44.923	197	0.228		
	Total	133.689	199			

[a]Predictors (Constant)：Hedonic 享乐主义价值，Utilitarian 实用主义价值

[b]Dependent Variable：网店满意度

需要通过 T 检验，检验消费者价值的各维度与网店满意度的显著相关性关系。由表 3－8，可以看出模型 1 中消费者价值各维度的回归系数和标准化回归系数。享乐主义的标准化回归系数为 0.263，*t* 值为 5.299，显著性水平为 0.000，在 $p<0.01$ 的水平上通过显著性检验，假设 1－1 得到支持。实用主义价值标准化回归系数为 0.640，*t* 值为 12.913，显著行水平为 0.000，在 $p<0.10$ 的水平上通过显著性检验，假设 1－2 得到支持。

表 3－8　回归系数及共线性诊断

Model		未标准化回归系数		标准化回归系数	*t*	Sig.	共线性诊断	
		B	Std. Error	Beta			Tolerance	VIF
1	(Constant)	0.213	0.177		1.198	0.232		
	Hedonic	0.252	0.047	0.263	5.299	0.000	0.695	1.439
	Utilitarian	0.677	0.052	0.640	12.913	0.000	0.695	1.439

2. 消费者网店满意度对消费者网店忠诚度的假设检验

通过散点图观察发现，网络消费者满意与消费者忠诚之间存在着相互

关系。建立模型2，将消费者忠诚作为因变量，消费者满意为自变量，进行一元线性回归分析。结果（见表3－9）显示，该模型的确定系数为0.638，调整后的确定系数为0.637，说明消费者满意能够解释消费者忠诚63.7%的变化，可以认为消费者满意对消费者忠诚具有比较重要的影响。

表3－9 网店满意度与网店忠诚假设检验结果

Model	R	R^2	Adjusted R^2	Std. Error of the Estimate
2	0.799[a]	0.638	0.637	0.515

[a] Predictors (Constant)：消费者满意度

[b] Dependent Variable：消费者忠诚度

因为模型2中仅有一个自变量，为一元回归分析，故不存在多重共线性问题。一元回归分析的结果见表3－10。消费者满意的标准化回归系数为0.799，t 值为10.699，显著性水平为0.000，在 $p<0.01$ 的水平上通过了显著性检验，假设2得到了支持。

表3－10 显著性检验

Model		Unstantdardized Coefficients		Standardized Coefficients	t	Sig.
		B	Std. Error	Beta		
2	Constant	0.657	0.166		3.952	0.000
	消费者满意	0.833	0.045	0.799	18.699	0.000

[a] Dependent Variable：消费者忠诚度

本次实证研究以“价值－满意－忠诚”研究范式为理论基础，构建了“网店消费者价值－网店满意－网店忠诚”的关系理论模型。基本得出结论：网店消费者价值是会产生网店满意的，网店满意最终直接驱动网店忠诚，也就说明网店消费者价值是电商培育网店忠诚的起点。

各种数据显示，数据以及数据分析显示可信度高，说明本文的研究成果可以应用于网店经营，使电商通过创造网店消费者购物价值达到网店满意，进而形成对网店的持久忠诚，为网店经营者在竞争激烈的现在如何更好地经营网店提供了思路和借鉴。在实际运用中，通过创造吸引消费者的价值观，进而让消费者在众多商家中选择并达到满意的程度，然后多次重复购买行为，最终实现对网店的消费者忠诚。

本研究虽然按照可靠的变量得出了理想的研究结果，但是还尚存几条研究局限。(1) 由于时间、物力和本人能力有限，本调查问卷的样本选择与中国网络大环境的比例还是存在较大偏差。

(2) 与传统购物环境相比较，电子商务环境下消费者行为更为复杂难测，其影响因素也是多样化的，本文的研究只涵盖其中部分的消费者价值，忽略了许多价值因素如关系价值。

(3) 在实际操作中，“消费者价值 - 消费者满意 - 消费者忠诚”三者的关系更为复杂，且三者之间是相互作用影响的，本研究只是简单地把 3 个概念分开来各自考虑，分别研究它们之间存在的关系，是简单的单向的研究，也并没有深入考虑和研究网店满意度和网店忠诚度对消费者价值的作用。

第四章　网站因素与服装消费行为

第一节 网站属性

一个成功的电子商务网站需要有一个美观的前台界面和一个可以扩展前台信息的后台管理系统以及网站信息的高效性、安全性、可靠性等优势。前台上面把网页制作得有指导性和更加美观，使网站中的产品有秩序、科学化地分类，便于购买者查询，来吸引大批的购买者。流通产业中网店的出现使得企业和消费者之间的交易由传统方式转变为网络方式，这也给消费者的购买模式带来了巨大的转变。企业在扩大忠诚顾客群上往往不遗余力。这些忠诚顾客通过对企业自营网店给予很多关注，经常访问及使用，不仅如此，他们往往还乐于向其他人推荐。研究表明，网购经历、消费者满足、服装类产品特性以及网站结构等会影响忠诚度（Park，2008；Kim et al.，2009）。网站属性及满意度作为媒介变量影响着消费者的购买意图和回购意图（Hong，2002）。

网站属性是指能够让消费者对网店形成整体认识的要素，包括可以区别于其他购物网站的客观功能性属性以及消费者主观上的认知及相关心理性属性（Hong，2002；Seock & Norton，2007）。Schoenbachler and Gordon（2002）认为，时间上的优势、使用的简易性、购买过程的便利性、产品陈列等属性对消费者选择网店产生影响。Chen and William（1999）研究发现，人们对网站各个属性的重要性的认知会因网站自身种类而异。时尚类网店的属性包括视觉信息、商品种类、付款及安全、缓冲速度、客服、可信度、信息可传递性、优惠活动、便利性、帮助说明、产品信息等（Seock & Norton，2007），这些属性与消费者的购买意向以及购买行为一道，左右着消费者对网店的态度（Hong，2002；Seock & Norton，2007）。消费者对网店属性的评价因消费者所认知的网上检索价值种类而异（Hong，2002），并且消费者的网店涉入度越高，网店的可信度、商品的种类、赠品/营销策略等因素在购买服装类产品的过程中的重要程度也越能对消费者所认知的网店属性产生影响（Lee & Park，2006）。

第二节　实证研究——网站属性

本研究旨在探究网店属性对忠诚度会产生什么样的影响这一问题。消费者满足对忠诚度的形成起着决定性作用。本研究以实证的方法，验证网店属性通过消费者满足这一媒介变量对忠诚度产生的影响。这一研究成果将帮助服装类网店更好地制定市场营销战略，从而提高消费者的忠诚度。

一、理论背景

（一）消费者满足

消费者在产品及服务满足其要求和期待后，发生购买行为。购买行为的结果与最初要求和期待一致，消费者满足是指在这一状态下，消费者对所购买的产品或服务达到甚至超过其期待值时的正常反应（Anderson & Srinivasan，2003）。

网购环境下，消费者满足直接影响着其对网店的好感度、购买意向、口头宣传意向、回购意向及忠诚度，由此可见，消费者满足是对网店的生存起决定性作用的重要因素（Park，2008；Anderson & Srinivasan，2003）。网购环境下，影响消费者满足的有购物商城的属性、服务质量、店铺态度等因素（Szymanski & Hise，2000）。消费者满足随着网店使用的便利程度增加而增加，网站的设计、商品企划、便利性、付款安全性也都是影响消费者满足的重要因素（Szymanski & Hise，2000）。服装类网店，网站的构成、相关折扣、售后服务、服务质量、便利性、店铺态度、服装类商品特性等也对消费者满足产生影响（Park，2008；Kim et al.，2009）。根据上述研究结果不难发现，网店属性影响着消费者满足。因此，本研究将假设 1 设定如下。

假设 1：网店属性影响消费者对网店的满足感。

（二）忠诚度

网购环境中所谓的忠诚度，是指消费者对某一特定的网店产生好感并长时间在该网店中停留、进行深度浏览、频繁访问及使用的状态。好感、推荐意向、回购意向、回购行为、价格反应行为也可以用来解释忠诚度（Park，2008；Foster & Cadogan，2000）。一般消费者往往难以预测，他们喜欢新鲜事物，容易被新潮所吸引，而网购环境中的消费者则不同，他们往往更容易忠诚于某一网店（Reichheld & Schefter，2000）。忠诚度高的网购消费者不仅会购买更多的商品，他们通过交流栏、商品评价等向新顾客推荐，与传统的口口相传方式相比，这无疑会加快口碑的传播。因此，网购消费者的忠诚度是网店得以成功运作的必要因素。

在网店中得到满足的购买者对店铺产生好感，在同一网站中回购的可能性会更高，这就进一步加快了忠诚度的形成。因此消费者满足是网购环境中至关重要的因素（Foster & Cadogn，2000）。消费者满足与消费者日益增加的网络使用量相互作用，使得忠诚度得以提高，商品价格、产品质量与消费者满足对消费者忠诚度产生直接影响（Park，2008；Kim et al.，2009）。

综上得知，网店属性、购买经历、消费者满足影响着忠诚度，其中服装类网店的属性与消费者满足对忠诚度的形成起着重要影响。因此，本研究设立如下假设。

假设 2：网店属性影响消费者对该网店的忠诚度。

假设 3：消费者满足影响消费者对网店的忠诚度。

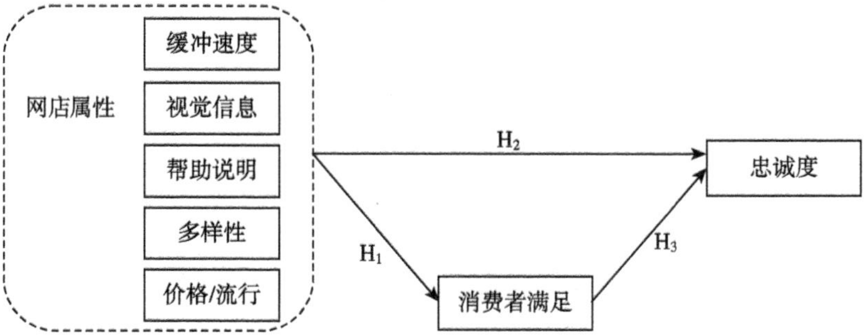

图 4－1 实证研究模型

二、研究方法

（一）研究对象

本研究以网购过服装类产品的消费者为研究对象。以调查问卷的形式在 2016 年 10 月 18 日至 10 月 22 日期间进行了数据收集，共有 253 份问卷用于研究分析。

调查样本的人口统计学特征为女性 162 人（64%），男性 91 人（36%），女性比重大于男性；研究对象中处于 20 岁至 30 岁之间的共 120 人（47.4%）；大学毕业生占大部分，169 人（66.8%）；月均收入不到 2 万元的 90 人（35.6%），2 万～3 万元的 96 人（37.9%）；日均使用网络时间不及 3 小时的 156 人（61.7%），3～5 小时的 85 人（33.6%）。

（二）研究工具及数据分析

本研究对先前研究的可靠和有效的调查问题进行修改和完善，重组为本研究的研究工具。其中涉及网店属性的 15 题（Seock & Norton，2007），消费者满足 3 题（Anderson & Srinivasan，2003），顾客忠诚度 4 题（Anderson & Srinivasan，2003）。各题均采用 Likert5 分制，按照“完全不会”1 分，“非常符合”5 分的方式记分。本研究通过 SPSS18.0 进行频度分析、可信性分析、因子分析及多元回归分析。

（三）结果分析

1. 因子分析及信度分析

本研究采用探索性因子分析法，对调查问题的有效性进行验证。通过主成分分析及正交旋转法，分别对网店属性、消费者满足感、忠诚度等变量进行分析，以了解其构造，导出了特征值（Eigen Value）超过1.00的因子，可信性测试结果显示其Cronbach's α值均在.724以上。对于调查结果进行的探索性因子分析采用单一次元分析，结果见Table 1。

表4-1　因子分析及信度分析结果

Factor		Item	Factor loading	Eigen loading	Variance Explained %	Cronbach's α
网店属性	缓冲速度	产品说明的缓冲速度快	.843	2.115	70.485	.789
		整个缓冲速度还可以	.796			
		产品照片的缓冲速度快	.878			
	视觉信息	名字和标志可以一目了然	.823	1.975	65.828	.740
		名字和标志让人容易记	.759			
		标志和设计给人感觉不错	.850			
	帮助说明	网店的帮助说明有利于购物	.777	1.938	64.603	.724
		帮助说明和公司信息的内容挺有用	.777			
		网店的帮助说明整理地不错	.854			
	多样性	网店具备各种价位的产品	.827	2.015	67.154	.755
		网店具备了各类产品	.740			
		可以按照产品类别或公司类别进行搜索	.885			
	价格/流行	产品价格低廉	.822	2.058	68.612	.771
		有很多流行的产品	.793			
		产品的种类繁多	.868			
消费者满足		网店购物是很明智的选择	.785	1.839	61.305	.684
		网店购物是一件好事	.739			
		网店购物令我满意	.822			

续表

Factor	Item	Factor loading	Eigen loading	Variance Explained %	Cronbach's α
忠诚度	我喜欢在网店进行购物	.745	2.205	55.121	.726
	需要购买新产品时，网购是第一选择	.748			
	网店是最佳的交易场所	.763			
	我会把这家网店介绍给他人	.714			

2. 假设检验

本研究采用多重回归分析对假设进行检验，其结果见表4－2。

表4－2　假设验证结果

假设	独立变量		因变量	β值	T值	R^2	F值	是否成立
H1	网店属性	缓冲速度（X1）	消费者满足（Y1）	.232	5.585***	75.9	155.867	部分成立
		视觉信息（X2）		.328	6.492***			
		帮助说明（X3）		.323	7.122***			
		多样性（X4）		.121	3.006**			
		价格/流行（X5）		.040	.982			
H2	网店属性	缓冲速度（X1）	忠诚度（Y2）	.139	3.556***	78.8	183.884	部分成立
		视觉信息（X2）		.388	8.179***			
		帮助说明（X3）		.327	7.681***			
		多样性（X4）		.049	1.292			
		价格/流行（X5）		.153	3.968***			
H3	消费者满足（Y1）		忠诚度（Y2）	.877	28.885***	76.9	834.348	成立

* $p<.05$，** $p<.01$，*** $p<.001$

假设1认为，网店属性对消费者满足产生影响。消费者满足在回归模型中以75.9%说明力和155.867的F值，被视为统计学有意义变量。网店属性“缓冲速度（$t=5.858$）”、“视觉信息（$t=6.492$）”、“帮助说明（$t=7.122$）”、“多样性（$t=3.006$）”对消费者满足产生影响。因此，假设1部分成立。也就是说，网店的视觉信息和帮助说明越清晰明了、商品越丰富多样、缓冲速度越快，消费者满足就会越高。

假设2认为，网店属性对忠诚度产生影响。忠诚度在回归模型中得到78.8%的说明力和183.884的F值，被视为统计学有意义变量。网店属性“缓冲速度（$t=3.556$）”、“视觉信息（$t=8.179$）”、“帮助说明（$t=7.681$）”、“价格/流行（$t=3.968$）”对消费者满足产生影响。因此，假设2部分成立。即，网店的缓冲速度越快，店名和Logo等越简洁易记，购物相关的帮助说明越清晰明了，商品越物美价廉，消费者对其忠诚度就越高。

假设3认为，消费者满足对网店忠诚度产生影响。结果表明，消费者满足对忠诚度（$t=28.885$）影响最大，假设3成立。即，受网店属性的影响，消费者对网店的满足度越高，其对网店的忠诚度就越高。

综上所述，网店属性中的缓冲速度、视觉信息、帮助说明、产品多样性对消费者满足会产生直接影响。消费者对网店的满足度是直接影响忠诚度的最重要的因素。网店属性中的价格和流行影响着忠诚度的形成，消费者对网店的满意度越高，网店的名称/Logo以及店面设计越简洁易记，消费者对其忠诚度就越高。网店属性对消费者满足产生影响，消费者满足又对忠诚度产生重要影响，这一结论与先前研究结果一致（Park，2008；Kim et al.，2009）。

本研究以有网购服装类商品经验的消费者为研究对象，对网店的属性通过消费者满足度而对消费者忠诚度产生的影响进行了探究。

分析结果表明，当网站的缓冲速度快、信息完善、店名和Logo简洁易记、帮助说明人性化、产品物多价廉且紧追潮流，消费者会对网店产生满足感。当网店提供的产品既价格亲民又紧跟潮流时，先前形成的消费者满足就会提高消费者对网店的忠诚度。

那么如何提高消费者对网店的忠诚度？本研究基于上述研究结果提出以下4点建议。

首先，为网店设计一款与众不同又简洁易记的店名和Logo，增强潜在顾客对网店的好感，并将店名和Logo全面覆盖店面，以此激发消费者的好奇心并在感性的层面上取悦消费者。

其次，尽可能全面详细地提供诸如获奖情况、公益活动等与所属公司和产品相关的信息，提供24小时一对一电话或在线客服，针对顾客所收藏的商品提供补货提醒服务，通过建立相关体系，积极主动地为消费者提供快捷方便的购物服务。

第三，提供不同价位不同种类的产品，丰富产品检索功能，可按照种类、制造商、价格、颜色、标签等多种属性设置搜索功能，以此提高消费者的满意度。

第四，通过与生产商B2B的开展、网店自有品牌产品的开发、团购等营销策略，为消费者提供较其他网店的实惠价格及更潮更时尚的服装类产品。

第三节　网站工具

近些年，随着网络在人们生活中的广泛应用，电子商务成为目前人们关注的热点话题，网上购物也因此成为全球消费发展趋势之一。根据美国商业数据调查公司eMarketer的最新统计显示：仅截至2007年底，全球网络零售市场的规模约为6100亿美元，有超过6.27亿网络消费群体，而今网络消费群体更是远远超过了这个数字。

随着互联网的普及，电子商务已成为21世纪最热点的话题。电子商务渐渐成为人们生活中不可缺少的一部分。网上购物体验与线下店铺体验有着很大的区别，最突出的方面就是：线下店铺有实物，包括专业的导购以及商品本身。消费者可以直接对商品进行挑选，有问题也可以直接询问导购人员。而这些优势在网上购物体验中却成为了劣势。很多消费者也是由于这个原因而更倾向于实体店铺进行消费。但是由于网上购物免除了运输、店铺等费用的原因，使得同样的商品价格更加低廉，吸引了很多的消费者。当顾客在进行网上购物时，如遇到不得不需要随时联系商家的情况时，就只能通过网上的即时通讯软件来实现这一需求。目前常用的即时通讯软件有：QQ、飞信、阿里旺旺等。

一、交流工具

在阿里旺旺面板的“菜单”里有一个系统设置，从这里可以进入设置面板。系统设置里有很多可以设置的选项，常用的内容在这里基本上都可以找到，算是聊天软件的总控制室。买家在里面可以添加店铺的状态信息，还可以做小广告给消费者观看。不仅如此，这些小广告还可以是活动的，"滚动显示"复选框，时间间隔一般为 5 ~ 20 分钟。

这些状态信息时而被更换，可以一同阅览店铺里的促销活动信息、店主目前的个人信息等。状态信息带有强烈的个人色彩，一般聊天工具都会提供这个功能，比如，在聊天工具的网名里，可以看到目前的生活状态、人生感悟等。

二、快捷短语

每一天都有很多需要店主或客服重复回答的问题，这样的问题一般是常见的问题。这种时候，使用快捷语音功能就能很快得到消费者想要知道的答案，也能提高网店的工作效率。按使用频率来看，首先一定是顾客进入网店询问商品时的第一声问候，其次是询问结束时告别的语句，还有顾客经常会问到的问题，比如怎样确定适合自己的服装尺寸、实物与图片有没有色差、是否接受见面交易、价格能不能再优惠一点、这个材质和其他材质的区别、购买的首饰有没有鉴定证书等问题。有些消费者是看了商品描述还是不放心，接着亲自问店主，得到一个明确的答复后才会觉得安心。

第四节　实证研究——网站工具

阿里旺旺是互联网通讯软件市场发展最快的第二代即时通讯软件，自 2003 年阿里旺旺成立以来，仅用 4 年时间就已经上升到了国内互联网即时通讯市场占有率的前三名，仅次于 QQ 和 MSN。阿里旺旺能够负荷同时在线用户突破百万人，用户的覆盖率也迅速上升到 30%。淘宝网的快速发展促使了阿里旺旺的成功步伐，淘宝网的用户无论是买家还是卖家都能通过阿里旺旺进行更为及时、方便的沟通，从而给互联网用户之间提供了更为方便快捷的在线沟通，为线交易提供了更好的保障。目前，阿里旺旺已然成为电子商务领域的首要即时通讯软件，借助发展良好的市场表现，阿里旺旺已将交易、社区等功能进一步的整合，有效地提升了用户体验。而本文就从消费者认知的在线商务沟通——阿里旺旺入手，从功能性效益和社会性效益两方面对店员满意度进行研究。

一、理论背景

（一）在线商务沟通软件

在线商务沟通软件也称为即时通讯软件。即时通讯是一种终端服务，它可以让两人或多人之间通过网络对文本、语音、视频等多种形式的信息进行即时交流。在线商务沟通软件具有六大特点：交流活动的实时性、间接性、自由性、主动性；交流角色的平等性；交流方式的灵活多样性；交流对象的多样性；交流通道的独立性、可拓展性；信息呈现的多媒体性和易保存性。

最有代表性的即时通讯软件是：腾讯公司的 QQ、微软产品 MSN、淘宝专用的在线通讯软件阿里旺旺等。阿里旺旺有客户端软件和网页版两种形式，这也是阿里旺旺成为国内市场发展最快的第二代即时通讯软件的原因之一。随着电子商务的普及，凭借淘宝网在电子商务中所处的龙头地位，阿里旺旺因在淘宝网中沟通便捷而发展迅速。

1. 起源与发展

在线沟通是互联网络沟通的主要应用。如今互联网沟通方式主要包括：电子邮件、论坛、博客/个人空间、即时通讯、微博和社交网站等。根据中国互联网络信息中心（CNNIC）发布的《第 29 次中国互联网络发展状况统计报告》，截止 2011 年 12 月，即时通讯的用户规模就已经达到了 4.15 亿，其中有 80.9% 的网民使用即时通讯；微博用户的数量达到了 2.5 亿，和 2010 年相比增长了 296.0%，网民使用率为达到 48.7%；社交网站用户的数量为 2.44 亿，社交网站用户占网民比例为 47.6%。和 2010 年相比，电子邮件的使用率下降了 6.7 个百分点，为 47.9%；论坛使用率下降了 6.2 个百分比，为 28.2%；博客/个人空间使用率下降了 2.3 个百分比，为 62.1%。通过数据的显示可以看出，电子邮件、博客、论坛等传统的沟通方式的使用率大幅度下降。在线沟通方式在提高，其中即时通讯技术的使用率属最高。在线沟通是消费者在互联网中沟通的主要方式，这对我国电子商务的发展也产生了巨大影响，具体体现在以下两个方面：(1) 沟通工具被广泛应用于电子商务；(2) 如社交网站、微博等新型沟通技术使得在线沟通效果更佳（卢云帆，2013）。

2. 功能与分类

在线沟通软件的功能主要是在虚拟的网络中建立起具有即时、便利、快捷、有效的沟通桥梁。在线沟通软件目前有 3 种架构形式，一种是 C/S（客户端/服务器架构），用户在使用时需要下载并安装客户端的软件，比如 QQ、MSN、百度 HI 等；另一种是采用 B/S（浏览器/服务器）架构，这种架构的在线沟通软件是可以直接以互联网为媒介在服务器端进行对话的软件，不需要下载任何客户端软件的架构形式。通常会应用在电子商务网站上，比如阿里旺旺、live800 等。

3. 关系利益（Relationship benefits）

Reynolds 和 Gutman（1984）认为，利益的概念来自于消费者在选择产品或服务时所预期得到的利益。Morgan 和 Hunt（1994）认为，关系利益是关系双方都能够从保持的长期关系中获得的利益。对于关系利益的研究，早期的大部分研究均从企业的角度出发，讨论长期关系可以为企业带来的利益；近年来该领域的研究已经从单纯地关注长期关系给企业带来的利益转向长期关系给顾客带来的利益。

Gwinner 等人首先对于关系利益进行了实证研究。他们把关系利益定义为：在与企业保持长期合作关系的过程中，除去和超越核心利益之外，带给顾客的其他利益。这被普遍引用与承认。他们将关系利益归纳为三类：功能利益、社会利益和特殊待遇利益。其中，功能利益是指顾客与服务者发展关系后通常有一种舒适与安全的感觉，可减少不确定时的焦虑感，对服务提供者提供的产品或服务有信心；社会利益是指涉及顾客与雇员关系的情感部分，顾客享受他与雇员之间的积极关系，例如建立了某种类似于朋友的关系；特殊待遇利益形式主要包括关系客户能够得到价格优惠、更快的服务，或者针对个人的额外服务等。之后，其他学者也在该领域进行了一系列研究，深化了对于关系利益的理解以及这一概念在关系营销中的地位。

（1）功能性效益（Functional benefit）

功能，指事物或方法所发挥的有利作用。对于企业而言，功能是一种属性，它用于满足对象的某种需求。无论是满足使用者的现实需求，还是潜在需求，凡能够满足使用者需求的任意一种属性都属于功能的范畴。在电子商务中，功能体现在电商和顾客之间的有效交流。功能性包括电商与顾客之间交流的有效性、及时性、快捷性、便利性，等等。利益是指满足自身欲望的一切事物。所谓功能利益，是指企业所提供的产品与服务中所包含的基本功能。比如阿里旺旺通过 B/S、C/S 两种制式，在数字化的网络中给顾客和电商之间搭建起一个相对真实的桥梁，能够让顾客体验类似面对面交谈的过程。通过阿里旺旺的在线沟通的核心服务来满足顾客从电商了解商品的欲望。这就是阿里旺旺的功能性利益。例如节能电视、一晚一度电变频空调等，这些都隐含着产品独特的功能。也就是说，功能利益与产品的品质、性能或各种独特技术参数有关。

周桂香（2002）认为，在产品日趋成熟的市场上，功能利益是吸引消费者的十分有效的手段。比如，曾经风靡一时的诺基亚公司，多年来始终紧密追踪市场，认真研究顾客的需求。面对多元化的市场，诺基亚公司采取的是产品多元化的对策，如产品人性化的推出，同时也推出了量身定制的服务。这就是诺基亚曾经取代美国摩托罗拉公司成为手机最大的制造商的原因。诺基亚通过自身产品的独特设计，功能性效益提高，从而吸引消费者。通过功能效益的提高，让消费者对于产品的质量和功能有了更大的信心，从而提升了顾客满意度。

（2）社会性利益（Social benefit）

骆守俭、傅小婧（2002）提出，社交利益主要指的是在顾客与企业之间进行往来时，顾客与企业雇员之间所产生关系的情感部分。顾客所得到的社交利益包括：顾客与服务提供者之间的亲切感，提供者对顾客的个人认得以及更进一步地发展成友谊等（Barnes，1994；Berry，1995；Gwinneretal.，1998）。许多学者通过研究都证实了社交利益的存在，Berry

（1995）认为，社交利益在顾客与服务提供者之间普遍存在，并且起非常重要的作用。

早在 Gwinner 等人（1998）提出 GGB 模式之前，就已经有学者提出了社会利益这个词。McCallum 和 Habison（1985）曾指出“服务提供者首先是社会关系人员”。Goodwin（1994）用“服务社区”解释那些经常从服务关系中产生的友谊，认为这是一种核心服务之外的、消费者并没有寻求的增值服务。这些利益或增值服务就是社会利益。社会利益反映的是关系的情感部分，包括熟识、个人认知、友谊、友善甚至社会支持的情感（Bames，1994；Berry，1995）。这种亲密的个人关系能够满足顾客一定的个人需求（Mcadams，1988）。Berry 指出，社交利益包括：与提供者的亲近感、友谊、密切关系以及社会认可等方面。社交利益是顾客与特定服务提供者发展关系的结果（Bames，1994；Berry，1995；CzePiel，1990；Goodwin，1994；Gwilmeretal.，1998）。Gwinnerctal（1995）认为，社交利益是顾客与服务提供者互动的关系中所感受到友善的感觉，发展出如同朋友般的友谊关系。台湾学者刘世礼（2003）把社会利益定义为顾客与服务或产品提供者建立关系，并从中得到亲切的对待、友谊或受到个人认同。彭饪惠（2004）认为，社会利益与情感部分有关，包括可被员工做个人识别、顾客与员工之间的熟识感及顾客与员工的友谊建立。这种关系利益特别是在需要员工与顾客有高度接触的服务业中普遍存在，顾客能够在消费或者服务的过程中得到社会利益。在高接触性的服务业中以社交利益作为差异化策略特别有用，可以帮助公司在短期内形成竞争优势，使其他公司难以模仿。林佑珊（2006）则以航空公司为例，将社会利益定义为：顾客与服务人员，甚至是顾客与顾客之间，在互动过程中发展出如同朋友般的友谊关系。

（二）店员满意度

1. 满意度

满意体现的是一种心理状态。满意是使用者的需求被满足后的一种愉悦感，是通过使用者对使用产品或服务前后的预期和实际感受的一种对比关系。通过数字来表示这种心理状态，这就是满意度。

满意度在电子商务中体现的是顾客在网购过程中所获得的愉悦感的程度。例如，在淘宝中的评论中，我们时常会看到很多顾客留下类似评论：物美价廉，5 分；这次购物非常愉快等。“物美价廉”是顾客在此次购物中所体会到的一个令他很愉悦的因素，5 分则指由于这个因素导致顾客在此次购物中非常满意，这个 5 分就是我们所说的满意度。

2. 店员满意度

在电子商务中，店员包括线上店员和线下店员。线上店员指的是在线商务沟通软件，线下店员指的是操作在线商务沟通软件的线下服务人员。在这里我们所说的店员指的是线下店员。店员满意是顾客在接受服务者服务时，顾客所感受到的愉悦感。而店员满意度则是用数字来表示顾客对店员的满意程度。

例如，在淘宝的评论中，我们常常会看到“卖家太好了，很细心地回答我的问题。”、“卖家太负责了，货品出现问题很及时地解决了。”等字眼。所谓卖家，就是对顾客提供服务的服务者。从这些评论中我们所感受到的是服务者提供给顾客的服务质量非常高，得到了顾客的好评，这就是店员满意度。

3. 在线商务沟通软件满意度

在线商务沟通软件作为线上店员对服务顾客起着相当重要的作用。在虚拟的网络中，只有在线商务沟通软件能够更加快捷、便利、及时地在顾客和电商之间建立沟通。通过在线商务沟通软件和线下店员的共同服务下，才会使顾客有更加愉悦的体验。顾客对店员的评价中，表面上是针对线下店员的直接评价，但是在更深层面来看，顾客对店员的评价包括对线上店员和线下店员的统一评价。假设没有在线商务沟通软件，在线下店员和顾客之间及时建立起沟通的桥梁，那么顾客是无法很好地体验到方便、快捷、及时的服务，这会大大影响顾客的购买欲望。因此有了在线商务沟通软件的参与，使得顾客的体验更加完善，电商能够获得更多的利益回报。所以，把在线商务沟通软件作为店员的一部分是毋庸置疑的。

在线商务沟通软件满意指的是顾客在接受服务的过程中，从在线商务沟通软件体验到的愉悦感。在线商务沟通软件满意度则是通过数字表现出来的愉悦程度。在淘宝的评论当中，有时我们会看到类似评论：客服回复很快，问题得到了及时的解决，5 分。在这种评论当中，“客服回复得很快”表面是在说线下店员的回复很及时，但换个角度来看，“5 分”是顾客在对线下店员和阿里旺旺软件合为一体进行评价，也就是文中提到店员这一概念。因为有了阿里旺旺，才有了及时的回复，因此，顾客在对店员进行评价的时候，“5 分”既是对线上店员的满意度，也是对线下店员的满意度。

二、研究方法

（一）研究框架

1. 研究问题及模型

为了要明确在线商务沟通软件满意度的影响，本文研究的问题为：功能性利益和社会性利益对于在线商务沟通软件的满意度的影响。本文按照图 4－2 的研究模型进行网上问卷调查，搜集数据并对其进行统计分析。

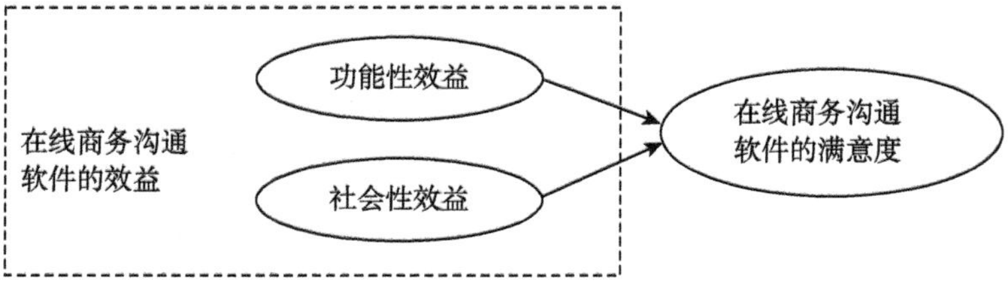

图 4－2　研究模型

2. 数据搜集

本文所用数据分为两部分发放，一部分为纸质版问卷，在事业单位进行调查，共 100 份；另一部分为电子版问卷，由本人将问卷做成电子问卷，在微信、微信朋友圈、腾讯 QQ、腾讯空间、新浪微博等社交网络平台进行发放，这部分人群主要是同龄人居多。但通过各种渠道的转发，问卷被测人也从单一变得多样，从 20 多岁的年轻人到各个年龄段的成年人。2015 年 4 月 17 日至 2015 年 4 月 19 日为期 3 天的时间，电子问卷共收集 115

份，纸质版调查问卷共收集100份。

3. 变量的测量

本文共涉及3个潜在变量，各变量的测量项目均来自以往的研究文献，并根据中国企业的实际情况进行了适当调整。调查过程中，主要参考了（Kristy E. Reynolds，1999）顾客关系利益的测量，借鉴了Gwinner等开发的量表；顾客满意的测量借鉴了Oliver的量表；顾客承诺的测量借鉴了Morgan、Hunt和Gwinner等的研究。为达到研究目的，本文以问卷调研的方式进行，问卷共分为3个部分。第一部分，通过被调查者需要回答一些关于阿里旺旺功能上的问题，如能够提供便利、能够节约时间等对关系利益中功能效益和社会效益进行测量。第二部分，对阿里旺旺的满意度的测量。第三部分，询问关于被访者的个人信息，如年龄、性别、学历等。问卷中变量的测量全部采用Likert 5点量表，1表示非常不同意，5表示非常同意，让被测者按照同意程度进行打分。

为了探讨在线商务沟通软件中消费者的关系行为，本研究挑选了阿里旺旺这一典型的在线商务软件为代表，样本总体为所有网购并使用过阿里旺旺的用户。本文采用便利抽样法访问了215名顾客，回收215份，其中有效问卷215，有效问卷回收率100%，统计如表4-3。

表4-3　统计量

	年龄	性别	婚姻状况	学历	职业	收入
有效数据	215	215	215	215	215	215
无效数据	0	0	0	0	0	0

三、数据统计与分析

（一）问卷样本

收集到的问卷经过整理得到以下数据结果：

被调查者的年龄处在19周岁以下的有5人，占总体的2.3%；20～29周岁的有141人，占总体的65.6%；30～39周岁的有27人，占总体的

12.6%；40～49周岁的有28人，占总体的13.0%；50～59周岁的有13人，占总体的6.0%；60～69周岁的有1人，占总体的0.5%；70周岁及以上的人数为0。

被调查的男性有79人，占总体的36.7%；女性有136人，占总体的63.3%。

从婚姻状况来看，未婚人数为136人，占总体的62.3%；已婚人数为81，占总体的37.7%。

从学历来看，高中毕业以下程度的有42人，占总体的19.5%；大学在读的有85人，占总体的39.5%；大学毕业的有76人，占总体的35.3%；研究生在读的有3人，占总体的1.4%；研究生毕业以上的有9人，占总体的4.2%。

从职业上来看，学生的人数最多，为89人，占总体的41.4%；其次是职员，43人，占总体的20.0%；技术人员36人，占总体的16.7%；服务人员20人，占总体的9.3%；专业人员10人，占总体的4.7%；主妇9人，占总体的4.2%；其他职业为8人，占总体的8.7%。

从家庭收入看，平均月收入1万元以下的共116人，占总体的54.0%；平均月收入在1万～2万元之间的有59人，占总体的27.4%；平均月收入在2万～3万元之间的有13人，占总体的6.0%；平均月收入在3万～4万元之间的有4人，占总体的1.9%；平均月收入在4万～5万元之间的有7人，占总体的3.3%；平均月收入在5万元以上的有16人，占总体的7.4%。

表4－4　描述性统计分析

问项	选项	频度	百分比（%）
年龄	19周岁以下	5	2.3
	20～29周岁	141	65.6
	30～39周岁	27	12.6
	40～49周岁	28	13.0
	50～59周岁	13	6.0
	60～69周岁	1	0.5
	70周岁以上	0	0

续表

问项	选项	频度	百分比（%）
性别	男	79	36.7
	女	136	63.3
婚姻状况	未婚	134	62.3
	已婚	81	37.7
学历	高中毕业以下	42	19.5
	大学在读	85	39.5
	大学毕业	76	35.3
	研究生在读	3	1.4
	研究生毕业以上	9	4.2
职业	职员	43	20.0
	服务人员	20	9.3
	技术人员	36	16.7
	专业人员	10	4.7
	学生	89	41.4
	主妇	9	4.2
	其他	8	3.7
收入	1 万元以下	116	54.0
	1 万~2 万元	59	27.4
	2 万~3 万元	13	6.0
	3 万~4 万元	4	1.9
	4 万~5 万元	7	3.3
	5 万元以上	16	7.4

（二）信度和效度分析

有关信度方面，常用的信度指标有 Cronbach's α 系数和复合信度值 CR（Composite Reliability）。一般认为，Cronbach's α 系数要大于 0.7，这时信度是很好的。本研究采用 SPSS 软件分析，得到的数据分别为：功能效益的 Cronbach's α 系数为 0.916；社会效益的 Cronbach's α 系数为 0.942；顾客满意度的 Cronbach's α 系数为 0.947。所有变量的 Cronbach's α 系数均大于 0.7，这表明本研究对各个结构变量测量的信度很好。

有关内容效度方面，由于本研究的各个变量的测量是参照国外学者已采用的成熟量表，因此本量表具有较好的内容效度。在检验收敛效度方面，本文使用 SPSS 软件对本研究的测量模型进行了验证性因子分析。功能效益的 4 个问项的载荷分别为 0.899、0.911、0.888、0.879；社会效益的 4 个问项的载荷分别为 0.896、0.923、0.939、0.934；顾客满意度的 4 个问项的载荷分别为 0.917、、0.941、0.911、0.949。

这些结果显示所有题项的载荷均大于 0.7，并都在统计上显著（$t > 1.96$），这表明各测量语句在所测量的变量上具有较高的收敛效度，也说明了关系利益和关系质量的各个维度之间存在良好的判别效度。

表 4－5　信度和效度分析

<table>
<tr><th>Factor</th><th>Measurement Item</th><th>Factor loading</th><th>Eigen value</th><th>Variance（cumulative variance）%</th><th>Cronbach's α</th></tr>
<tr><td rowspan="4">在线商务沟通软件的功能性效益</td><td>阿里旺旺可以给我提供便利</td><td>.899</td><td rowspan="4">3.198</td><td rowspan="4">79.956</td><td rowspan="4">.916</td></tr>
<tr><td>阿里旺旺可以帮我节省时间</td><td>.911</td></tr>
<tr><td>阿里旺旺可以给我好的建议</td><td>.888</td></tr>
<tr><td>阿里旺旺可以让我买到合适的产品</td><td>.879</td></tr>
<tr><td rowspan="4">在线商务沟通软件的社会性效益</td><td>在阿里旺旺的陪同下，我会感到关系友好</td><td>.896</td><td rowspan="4">3.412</td><td rowspan="4">85.288</td><td rowspan="4">.942</td></tr>
<tr><td>在阿里旺旺的陪同下，我会享受消费</td><td>.923</td></tr>
<tr><td>在阿里旺旺的陪同下，我会感到很亲切</td><td>.939</td></tr>
<tr><td>在阿里旺旺的陪同下，我会很喜欢这家品牌</td><td>.934</td></tr>
<tr><td rowspan="4">顾客满意度</td><td>阿里旺旺会让我很满意</td><td>.917</td><td rowspan="4">3.457</td><td rowspan="4">86.435</td><td rowspan="4">.947</td></tr>
<tr><td>阿里旺旺会让我很开心</td><td>.941</td></tr>
<tr><td>阿里旺旺会让我很安心</td><td>.911</td></tr>
<tr><td>阿里旺旺会让我很愉悦</td><td>.949</td></tr>
</table>

（三）相关分析

相关分析（correlation analysis）用于分析、检验两个变量之间或多个变量两两之间的相关程度。本文检验功能性效益、社会性效益、顾客满意度 3 个变量两两之间的相关程度。

变量之间的相关程度是由相关系数来度量的，“在相关分析中，常用的相关系数主要有 pearson 简单相关系数、Spearman 等级相关系数和 Kendall 秩相关系数和偏相关系数。”本文采用 pearson 系数来度量变量两两之间的相关程度。总体相关系数用 ρ 表示，样本的相关系数用 r 表示。样本相关系数 r 为总体相关系数 ρ 的最大似然估计量。其中 $-1 \leqslant r \leqslant 1$，其绝对值越大，表明两个变量之间的相关程度越强；r 值大于 0，表明两个变量之间存在正相关；若 $r=1$，则表明变量间存在着完全正相关的关系；r 值小于 0 的时候，表明两个变量之间存在负相关；若 $r=-1$，表明变量间存在着完全负相关的关系；若 $r=0$，表明两个变量之间无线性相关。

表 4－6 表示相关分析输出结果，变量 1 表示功能性效益，变量 2 表示社会性效益，变量 3 表示顾客满意度。

功能性效益和社会性效益之间的相关系数值是 0.788，说明功能性效益和社会性效益之间存在不完全相关且为正相关。我们可以得出结论：功能性效益与社会性效益之间存在显著相关关系，且功能性效益正向影响社会性效益。

功能性效益和顾客满意度之间的相关系数值是 0.802，说明功能性效益和顾客满意度之间存在不完全相关且为正相关。我们可以得出结论：功能性效益与顾客满意度之间存在中等相关关系，功能性效益正向影响顾客满意度。

社会性效益和顾客满意度之间的相关系数值是 0.882，说明社会性效益和顾客满意度之间存在不完全相关且为正相关。我们可以得出结论：社会性效益与顾客满意度之间存在中等相关关系，且社会性效益正向影响顾客满意度。

从上面的相关分析部分可以看出，功能性效益、社会性效益均与顾客满意之间存在正相关关系。从表 4－6 中我们可以看出，社会性效益与顾客满意度变量之间的相关性最强，为 0.882。这表明对于进行网上购物的顾客而言，社会性效益是影响其满意的关键因素。

表4-6 功能性效益、社会性效益、顾客满意度相关分析

变量	M	SD	1	2	3
功能性效益	3.743	.8743	1		
社会性效益	3.530	.9321	.788**	1	
顾客满意度	3.598	.9025	.802**	.882**	1

注：** $p<.01$ (2-tailed)，N=205

（四）在线商务沟通软件的效益关系对其满意度的影响

在本文中，在线商务沟通软件的效益为社会性效益和功能性效益两个变量。研究在线商务沟通软件的效益对其满意度的影响，属于两个变量对另一个变量的影响，这种研究方法就要用到回归分析。回归分析是研究一个或多个自变量与一个因变量间的线性或非线性关系的一种统计分析方法。“回归分析通过规定因变量和自变量来确定变量之间的因果关系，构建回归模型，并根据实测数据来估计模型的各个参数，然后评价回归模型是否能够很好地拟合实测数据；并可以根据自变量作进一步的预测，反映统计变量之间的数量变化规律。”

关系利益对顾客满意的影响分析以顾客满意为因变量，关系利益各维度为自变量，进行多元线性回归分析，建立回归方程：Y=β1iX1+12X2

其中，Y表示顾客满意度；X1表示功能性效益；X2表示社会性利益；β1i表示各项的回归系数。总体满意感多元线性回归的模型拟合效果的输出结果见表4-7。

表4-7 顾客满意度的线性回归分析输出结果

自变量	非标准化系数	回归系数标准误差	标准化回归系数β	t	Sig.
常数项	0.500	0.162		3.079	0.002
X1 功能性效益	0.825	0.042	0.802	19.600	0.000
X2 社会性效益	0.854	0.031	0.882	27.364	0.000

顾客满意度多元线性回归分析的输出结果：从图4-7中可以得到线性回归模型中常数项、X1、X2的系数分别是0.500、0.825、0.854；常数项、X1、X2的T值分别是3.079、19.600、27.364；相应的概率为0.002、

0. 000、0. 000。功能性效益和社会性效益这两个维度中，社会性效益的回归系数 β12 ＝0. 854 较为显著，功能性效益的回归系数 β1i ＝0. 825 次之。这说明功能性效益和社会性效益均对顾客满意度构成影响，且社会性效益的影响更大，和先行研究中社会性效益与顾客满意度之间存在中等相关关系，且社会性效益正向影响顾客满意度的结论是一致的。通过回归分析，我们可以得到一个标准的回归方程：

在线商务沟通软件满意度＝0. 5＋0. 825×功能性效益＋0. 854×社会性效益

通过所得标准的回归方程，我们可以得出：在功能性效益和社会性效益这两个因素中，两者均对在线商务沟通软件满意度构成影响，且社会性效益的影响更大，对在线商务沟通软件满意度有着重要的作用，这也成为顾客最关注的利益点。功能性效益较社会性效益而言影响较小，但对在线商务沟通软件满意度也存在这一定价值。

本文以在线商务沟通软件阿里旺旺为例，分析了顾客关系利益对在线沟通软件满意度的影响，结论分为以下 3 个部分。

结论一：在功能效益和社会效益这两个维度中，社会效益维度对顾客满意度的影响是最大的，其解释力也是最强的，也是顾客最为重视的利益因子。我们可以得出：社会效益因子是众多行业顾客最为重视的利益因子，对顾客满意有着非常积极的作用。

结论二：相比于社会效益，功能效益对顾客满意的影响较低，但可以肯定的是，功能效益对提高顾客满意度有一定的促进作用。

结论三：社会效益和功能效益两个维度之间存在显著的正相关关系，即顾客感受的社会效益和功能效益是互相积极影响的。鉴于二者都对顾客满意度有一定的影响和解释力，那么企业也应该认识到这两个利益因子对顾客满意度的积极作用。

综上所述，本文得到如下结论：第一，关系利益中社会效益对顾客满意度有显著的正向影响作用；第二，功能效益对顾客满意度有显著的正向影响作用；第三，社会效益对顾客满意度的影响较功能效益对顾客满意度的影响高。

基于本文研究结果，随着电子商务的迅速发展，使得电子商务所提供的核心产品和服务越来越同质化，在这种情况下，顾客的选择就会被其对关系利益的感知影响。其中功能利益可以增加顾客对电商的信任感和安全感，社交利益可以让顾客感到被尊重和认同。这些积极的感知都会提高顾客满意，能促使顾客与电商之间保持相对长期稳定的关系。

研究结论证明了关系利益对顾客满意度具有显著的正向影响作用，顾客感知到的关系利益越多，顾客满意度会随之提高。因此，电子商务的商家应该充分认识到顾客关系利益的重要性，制定相应的策略来提高顾客满意度。当然，不同的关系利益对顾客满意度的影响作用不同，所以要有针对性地采用关系利益策略。

首先，社会性效益对顾客满意度的影响更高，因此商家应把关注的重点放在社会性效益方面上。顾客通过和服务提供者保持长久的关系来获得对服务提供者的信任，从而降低能感知到的风险。所以商家可以通过提高服务提供者的服务质量来获得顾客对其服务的信任，这可以通过制定标准化的服务流程等途径来提高。除此之外，服务提供者作为一个服务的传递者，能够直接影响顾客感知到的整体服务质量。因此，商家还要注重对服务提供者的培训，提高服务提供者的素质，使服务提供者给顾客以可信任感。

本研究的局限性主要体现在以下两方面：

（1）样本的抽取

在收集数据时，我选择了在社交平台上进行问卷调查。由于社交能力的原因，社交的范围主要集中在北京，被调查者也大多为北京，年龄段在20多岁居多。虽然通过转发有不同年龄段和不同地域的人加入到调查当中，但是这样的数据来源不可避免有一定的地域限制和年龄限制。在未来的调查研究中，可以选择在更多城市和地区收集数据，尽量大范围地包括各个年龄段的被调查者，进一步比较分析其他可能影响关系利益对于顾客忠诚度作用差异的因素。

（2）变量的选择

在本文所构建的理论模型中，没有考虑其他变量对顾客满意度的影响，如特殊性利益、经济利益等因子，这是本文的另一大局限。

第五章　感知风险与服装消费行为

随着科技的进步，网购成为越来越多人的选择，享受足不出户就能买到自己所需的东西和自己所需的服务。网购消费者越来越多，刷刷淘宝成为很多人每日的习惯。根据相关数据表明，截至2016年6月，我国网络购物用户规模达到4.48亿，较2015年底增加3448万，增长率为8.3%。目前我国网络购物市场依然保持快速、稳健增长趋势。2016年全年，全国网上零售额51556亿元，比上年增长26.2%。其中，实物商品网上零售额41944亿元，增长25.6%，占社会消费品零售总额的比重为12.6%。在实物商品网上零售额中，服装类商品分别增长18.1%。2016年天猫“双十一”购物狂欢节落下了帷幕之际，全天总交易额达到了1207.49亿，远超上一年的912.17亿元，其中无线交易额占比82%，交易覆盖235个国家和地区。2016年“双十一”当天，作为天猫主会场男女服装销量排行榜Top 1，优衣库则发布售罄通知，表示官方旗舰店的“双十一”活动商品已经售空，将于次日凌晨逐步补货上架并恢复正常营业。由此可见现在社会对服装消费的巨大需求。上述数据的大幅度增长，都是因为网络购物的优点很多，例如，送货上门、方便快捷；价格便宜；可以购买到本地没有的商品；节省体力和时间；商品品种繁多；比传统购物的效率高；随着网络银行的发展，网购行为的安全性大大增加等。这些优势都无疑成为网络消费者日益增加的绝对原因。

可以看出网络购物发展迅速，这种网上交易模式正在逐渐改变人们的生活方式，给商家带来无限商机。而相比较而言，英国的网购消费者比例为77%，美国是66%。与发达国家相比，可见我国的网络购物率还很低。原因之一就是在网络购物中消费者感知到很多的不确定性，感知风险会阻挠消费者的购买行为。

消费者在选择购物网站时，会考虑商家是否可信，商家提供的商品信息是否存在夸大的部分。在交易过程中，会考虑交易是否安全，个人信息和银行卡信息是否存在泄露的可能；在配送过程中，会考虑商家是否会及时发货，是否会出现损坏或丢失的情况等；售后服务是否完善，退换货是否方便等问题。这些感知风险是影响我国电子商务发展的一个重要问题。

第一节　网站感知风险

一、网购过程的风险

网上购物一般都是比较安全的，只要按照正确的步骤做，谨慎点是没问题的。最好是在家里自己的电脑或自己的手机登录，并且注意杀毒软件和防火墙的开启保护及更新。

另外，网上购物的物品适合书本、音乐娱乐、信息购买、化妆品、服装等物质一般性比较强的，像收藏品则不宜网上购物，珠宝也是，当然一般首饰例外。因为这些物品的品质很难确定，所以很容易货不对板，对买卖双方都会造成麻烦，所以网上只是一种购买渠道，可以利用网络联系到相关卖方，然后约好进行面对面的谈判，当然要地理上有条件，而且双方有诚意。

二、网上支付的风险

当前，国内各大银行都陆续开设了网上银行，由于网上银行只需要提供卡号和密码就可以进行各种金融交易，操作方便快捷，许多银行用户都喜欢通过它进行交易。随着网络购物、网上支付等业务被广泛地应用，网上银行在人们的日常生活中已经起到越来越重要的作用，于是不少不法分子就瞄上了网上银行用户，利用种种手段盗取网银密码，盗取用户的资金。

要在一些知名的大型购物网站上选择商品，卖家的联系方式都会有，要针对所需要的产品进行咨询，问清楚后再决定买否。决定购买之后，最好是通过第三方支付方式如：支付宝、财付通之类的，能保护买家的利益。初次网购，最好不要从银行直接汇款，还有就是要保存证据，图片或是聊天资料等，以免日后有问题处理起来麻烦。

第二节　实证研究——网站感知风险

一、理论背景

（一）感知风险的相关研究

感知风险的最初概念是由哈佛大学的 Raymond Bauer 于 1960 年从心理学延伸出来的，他认为消费者任何的购买行为，都可能无法预知其预期的结果是否正确，而这些结果可能使消费者不愉快，所以，消费者购买决策中隐含着对结果的不确定性，而这种不确定性，也就是风险最初的概念。所以，可以认为感知风险是：消费者所购买的产品或服务有没有达到自己对其的预期。

1967 年 Cox and Bauer（1960）研究后，将感知风险的概念加以具体化的说明。他认为，感知风险理论研究的基本假设在于消费者的行为是目标导向的，在每一次购买时，都有一组购买目标，当消费者主观上不能确定何种消费地点、产品、品牌、样式、大小、颜色等最能配合或满足其目标时，就产生了感知风险，或者，是在购买行为发生后，结果不能达到预期的目标时，所可能产生的不利后果，也产生了感知风险。Cox 进一步将感知风险定义成下列两因素的函数：（1）消费者在购买之前，所感知到购买后产生不利后果的可能性，即消费者在事前所承受的风险程度；（2）当购买的结果不利时，消费者个人主观上所感知损失的大小。

Cunningham（1967）把 Cox（1967）的定义做了修改，并进行了实证研究，他把感知风险分成下列两个因素：（1）不确定性（uncertainty consequence）：消费者对于某项事情是否发生所具有的主观可能性；（2）结果

（consequence）：当事情发生后，所导致结果的危险性。消费者在面对购买决策所产生的不确定性与后果时，如果消费者重视其不确定性或后果的程度较高，则消费者所感知的风险也相对较高。

自从 Cox 和 Cunningham 对感知风险提出了双因素成分模型后，这个概念就成为后续感知风险研究的主流。根据 Cox 和 Cunningham 提出的感知风险双因素成分模型：（1）不确定性，例如如果我买一件长裙，我如何确定它的质量很好？（2）结果，如果这件长裙不符合我所期望的，卖家是否接受退换货？流程会不会很麻烦？所以网购时，消费者面临的各种风险也会影响其购买意愿。

（二）购买意愿相关研究

消费者的购买意愿是指消费者对事、物的情感反应，是消费者对某个对象喜欢或不喜欢的反应倾向。人几乎对所有东西都抱有一种态度，购买意愿不是天生的。它有持久性和稳定性，一旦形成，将逐渐成为个性的一部分，在反应模型上表现出一定的规则。Fishbein（1975）对意愿的定义是个人从事特定行为的主观概率。经过概念延伸，购买意愿（Purchasing Intention）指的是消费者愿意购买某种产品或服务的可能性，是消费者的主观心理感受。

Dodds（1991）在 Fishbein 的基础上将购买意愿定义为消费者试图去购买某种产品或某个品牌的可能性，消费者对某一产品或品牌的态度，加上外在因素作用就构成了消费者的购买意愿。消费者最终是否会对所选商品采取行动，很大程度上取决于其购买意愿。因此，要预测消费者的购买决策行为，应该首先了解其购买意愿。

根据以上定义可以看出，购买意愿是指消费者对产品或服务的情感态度、购买的可能性，对购买行为具有预测性。

在网购时，消费者通过商家提供的商品信息，是否有欣赏或者喜欢的态度，会容易提高消费者的购买意愿，如果商家提供的一些其他的服务，例如咨询服务、售后服务比较完善，也会增加消费者购买的可能性。

二、研究方案

（一）研究模型的构建

本研究从3个角度入手，把交易风险感知、配送风险感知、售后风险感知作为自变量，购买意愿作为因变量，研究感知风险对消费者购买意愿的影响，模型如图5－1所示。

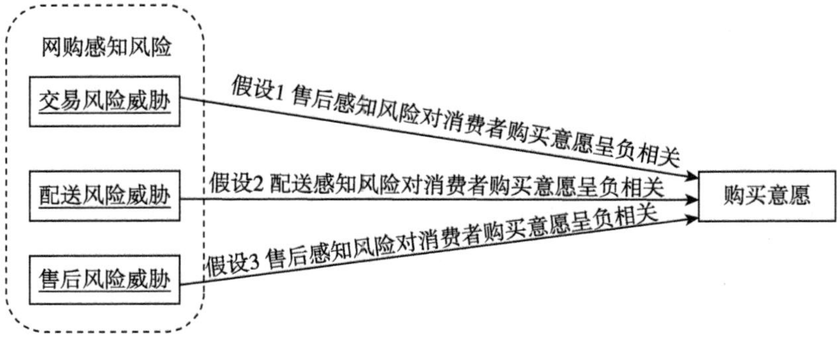

图5－1　研究模型

（二）研究假设

根据上述框架以及相关文献研究，本研究对各变量做出假设，研究感知风险与消费者购买意愿的关系可能，并试图证明以下假设。

1. 交易感知风险对消费者购买意愿的影响

交易感知风险是指消费者对交易过程中可能存在的会导致损失的不确定性结果的感知，包括功能风险、财务风险、隐私风险和支付风险等。在以往研究者对网络购物的研究中，证实了消费者对网络购物的感知风险负向影响了消费者的购买意愿。因此，本文提出假设1如下：

假设1：交易感知风险与消费者购买意愿呈负相关。

2. 配送感知风险对消费者购买意愿的影响

配送感知风险是指消费者对配送过程中可能存在的导致损失的不确定性结果的感知。配送风险感知包括物流配送风险和时间风险。Anne Cases

在 2002 年研究网上购物环境中降低风险的方法时提出，在远程交易时，物流提供商有无本地零售点，有无在交付过程中提供安全交付保证，对消费者购买网络商品可能会有负面影响。因此，本文提出假设 2 为：

假设 2：配送感知风险对消费者购买意愿呈负相关。

3. 售后感知风险对消费者购买意愿的影响

售后感知风险指消费者通过其他消费者的购后评价，得到的对售后服务的不确定性感知。售后感知风险包括心理风险、服务风险和售后服务风险等。井森（2005）得出，服务风险与消费者的购买意愿呈负相关。消费者面对售后服务质量越好的商家，消费者越愿意购买。Vellido（2000）、Corbitt（2003）、David Kuhlmeier（2005）等认为，顾客对网上购物的感知风险越小，越容易接受网购，提高购买意愿。因此，本文提出假设 3 为：

假设 3：售后感知风险对消费者购买意愿呈负相关。

（三）变量测定

通过对 3 个变量分别设计测量题项，得到变量的涵盖范围。本测量问卷主要收集在线服饰品网店的评论信息。

1. 交易感知风险

表 5-1 交易风险感知量表

变量	测量题项
交易风险感知	（1）担心信用卡的信息外露
	（2）网购的服装产品不可以试穿让我很不安
	（3）担心所购买的服装产品是否符合我的职业和风格

2. 配送感知风险

表 5-2 配送风险感知量表

变量	测量题项
配送风险感知	（1）担心邮寄过程中产品会丢失或者损坏
	（2）担心快递时间很长

3. 售后感知风险

表 5－3　售后风险感知量表

变量	测量题项
售后风险感知	（1）担心如果去其他网站可以买到更好的服装产品
	（2）网购的服装产品会出现质量不好的情况

4. 购买意愿

表 5－4　购买意愿量表

变量	测量题项
购买意愿	（1）我会向朋友推荐该服装产品
	（2）即使有其他选择，我也会把此服装产品作为首选

（四）问卷设计与数据收集

1. 问卷设计

本研究采用实证方法研究网购女装感知风险对购买意向的影响，整理和借鉴国内外相关研究成果，完成问卷。

本研究的调查问卷主体包括两个部分：第一部分是筛选合适的被调查者；第二部分为被调查者的基本信息，包括年龄、婚姻状况、学历、职业、收入情况 5 个题项。

除了被调查者个人基本信息采用一般性选项外，其余题项均采用 Likert 5 分量表法，用 5 个级别来测量每个指标项。被调查者基于感觉对每个问题进行打分，“1”表示“完全不同意”、“2”表示“有点不同意”、“3”表示“一般”、“4”表示“有点同意”、“5”表示“完全同意”。

2. 问卷测试

对最终数据库采用 SPSS19.0 软件进行分析。主要的分析方法有：频度分析、信度分析、因子分析、回归分析等。通过这几种主要的数据统计分析方法，对网购服装消费者的风险感知和购买意愿进行研究。

3. 数据收集

在确定最终问卷的基础上，确定调查对象和样本容量，通过网络问卷工具（http：//www. wenjuan. com）搜集研究数据。

本研究主要探讨的是网购女装时的感知风险对购买意向的影响，所以在调查对象的选择方面应该满足：具有网购经验的女性。问卷通过问卷网发送给符合要求的应答者并收集问卷。

三、实证分析结果

（一）样本特征

表 5－5　样本特征

属性	人数	百分比（%）	
年龄段	20～29 周岁	240	77. 4
	30～39 周岁	70	22. 6
婚姻状况	未婚	201	64. 8
	已婚	109	35. 2
学历	高中毕业以下	43	13. 9
	大学在读	147	47. 4
	大学毕业以上	120	38. 7
职业	学生	140	45. 2
	办公职员	79	25. 5
	专门职员	42	13. 5
	其他	49	15. 8
家庭平均月收入	不到 1 万	91	29. 4
	1 万～2 万	148	47. 7
	超过 2 万	71	12. 9

我们首先将本次调查的消费者特征进行总结。本次调查的消费者中，年龄分布控制在 20～39 周岁之间，20～29 周岁占 240 人（77. 4%），30～39 周岁占 70 人（22. 6%）。由于年轻人对网络更加熟悉，能够更好地提供数据。婚姻状况分布，未婚受访者为 201 人，占比 64. 8%。被调查者的学

历分布情况，高中及以下学历的受访者仅 43 人，占有效样本的比例仅为 13.9%，样本的学历分布主要集中在大学在读及大学毕业等高学历人群，占比高达 86.1%。被调查者的职业分布情况，学生占比比较多 45.2%。家庭平均月收入情况，不到 1 万元占比 29.4%，1 万 ~ 2 万元占比 47.7%，超过 2 万元占比 12.9%。

（二）信度和效度分析

1. 信度分析（Reliability Analysis）

信度的高低是评价问卷质量的重要指标，信度分析用于评价问卷的稳定性和可靠性。信度（Reliability）即可靠性，它是指采用同样的方法对同一对象重复测量时所得结果的一致性程度。信度分析的方法主要有以下 4 种：重测信度法、复本信度法、折半信度法、α 信度系数法。本文采用的是 α 信度系数法。总量表的信度系数最好在 0.8 以上，0.7 ~ 0.8 之间可以接受；分量表的信度系数最好在 0.7 以上，0.6 ~ 0.7 还可以接受。Cronbach's alpha 系数如果在 0.6 以下就要考虑重新编问卷。

对交易风险的 3 个题项进行因子分析。首先对分项目进行信度分析，信度系数（Cronbach's alpha）为 0.60，如表 5－6 所示。

表 5－6　交易风险信度分析

Cronbach'salpha	项数
.60	3

对此 3 个题项进行深入分析，结果如表 5－7 所示：

表 5－7　交易风险的信度分析结果

	校正的项总计相关性	项已删除的 Cronbach's alpha 值
交易风险信度 1	.490	.491
交易风险信度 2	.374	.543
交易风险信度 3	.433	.454

根据表 5－6、表 5－7 的信度分析，交易风险变量的 Cronbach's alpha 系数是 0.6，表示交易风险可靠度可以被接受。

对配送风险的两个题项进行因子分析。首先对分项目进行信度分析，信度系数（Cronbach's alpha）为0.70，如表5－8所示。

表5－8　配送风险信度分析

Cronbach'salpha	项数
.70	2

对此两个题项进行深入分析，结果如表5－9所示。

表5－9　配送风险的信度分析结果

	校正的项总计相关性	项已删除的 Cronbach's alpha 值
配送风险信度1	.695	.487
配送风险信度2	.692	.485

根据表5－8、表5－9的信度分析，配送风险变量的Cronbach's alpha系数是0.7，表示配送风险量表可靠性良好。

对售后风险的两个题项进行因子分析。首先对分项目进行信度分析，信度系数（Cronbach's alpha）为0.72，如表5－10所示。

表5－10　售后风险信度分析

Cronbach'salpha	项数
.72	2

对此两个题项进行深入分析，结果如表5－11所示。

表5－11　售后风险的信度分析结果

	校正的项总计相关性	项已删除的 Cronbach's alpha 值
售后风险信度1	.657	.487
售后风险信度2	.658	.488

根据表5－10、表5－11的信度分析，售后风险变量的Cronbach's alpha系数是0.7，表示售后风险量表可靠性良好。

对购买意愿的两个题项进行因子分析。首先对分项目进行信度分析，信度系数（Cronbach's alpha）为0.78，如表5－12所示。

表 5－12 售后风险信度分析

Cronbach'salpha	项数
.78	2

对此两个题项进行深入分析，结果如表 5－13 所示。

表 5－13 售后风险的信度分析结果

	校正的项总计相关性	项已删除的 Cronbach's alpha 值
售后风险信度 1	.642	.413
售后风险信度 2	.642	.413

根据表 5－12、表 5－13 的信度分析，售后风险变量的 Cronbach's alpha 系数是 0.78，表示售后风险量表可靠性良好

2. 效度分析

问卷还有一个重要的指标是效度，指的是问卷能否真实测量我们所希望了解的内容，即结果与目标间的接近程度。

有效性的测试测量工具或手段可以通过测量的指标内容进行有效测量。本研究将采用因子分析方法来对问卷的结构效度进行验证。在进行因子分析时，为保证样本适合分析处理，本文采用 KMO 样本检验，然后利用因子分析来衡量有效性的尺度。KMO 措施 0.5 意味着因子分析可以做，KMO 在 0.5 以下的放弃。巴特利特球体检验，只有当巴特利特值小于或等于阿尔法的显著的概率，才能进行分子分析。

（1）交易风险效度

表 5－14 KMO 和 Bartlett's 检验

KMO 检验	.633	
Bartlett 球体检验	近似卡方	92.501
	自由度 df	3
	显著性 Sig.	.000

根据表 5－14，KMO 为 0.633，可以做因子分析。此外，表中巴特利特球体检验的统计值的显著性概率是 0.000，小于 0.001，这说明数据具有

相关性，符合研究要求，是适宜进行因子分析的。

表 5－15　解释的总方差

成分	初始特征值			提取平方和载入		
	合计	方差的%	累积%	合计	方差的%	累积%
1	1.663	55.422	55.422	1.663	55.422	55.422
2	.714	23.805	79.227			
3	.623	20.773	100.000			

表 5－16　成分矩阵

	成分
	1
交易风险 01	.750
交易风险 02	.711
交易风险 03	.771

（2）配送风险效度

表 5－17　KMO 和 Bartlett's 检验

KMO 检验	.500	
Bartlett 球体检验	近似卡方	27.993
	自由度 df	1
	显著性 Sig.	.000

根据表 5－17，KMO 为 0.5，勉强可以做因子分析。此外，表中巴特利特球体检验的统计值的显著性概率是 0.000，小于 0.001，这说明数据具有相关性，符合研究要求，是适宜进行因子分析的。

表 5－18　解释的总方差

成分	初始特征值			提取平方和载入		
	合计	方差的%	累积%	合计	方差的%	累积%
1	1.295	64.749	64.749	1.295	64.749	64.749
2	.705	35.251	100.000			

表 5-19　成分矩阵

	成分
	1
配送风险 01	.805
配送风险 02	.805

（3）售后风险效度

表 5-20　KMO 和 Bartlett's 检验

KMO 检验	.500	
Bartlett 球体检验	近似卡方	41.924
	自由度 df	1
	显著性 Sig.	.000

根据表 5-20，KMO 为 0.5，勉强可以做因子分析。此外，表中巴特利特球体检验的统计值的显著性概率是 0.000，小于 0.001，这说明数据具有相关性，符合研究要求，是适宜进行因子分析的。

表 5-21　解释的总方差

成分	初始特征值			提取平方和载入		
	合计	方差的%	累积%	合计	方差的%	累积%
1	1.357	67.850	67.850	1.357	67.850	67.850
2	.643	32.150	100.000			

表 5-22　成分矩阵

	成分
	1
售后风险 01	.824
售后风险 02	.824

（4）购买意愿效度

根据表 5-23，KMO 为 0.5，勉强可以做因子分析。此外，表中巴特利特球体检验的统计值的显著性概率是0.000，小于0.001，这说明数据具有相关性，符合研究要求，是适宜进行因子分析的。

表5-23 KMO和Bartlett's检验

KMO检验	.500	
Bartlett球体检验	近似卡方	163.693
	自由度df	1
	显著性Sig.	.000

表5-24 解释的总方差

成分	初始特征值			提取平方和载入		
	合计	方差的%	累积%	合计	方差的%	累积%
1	1.642	82.124	82.124	1.642	82.124	82.124
2	.358	17.876	100.000			

表5-25 成分矩阵

	成分
	1
购买意愿01	.906
购买意愿02	.906

（三）回归分析

回归分析是通过建立回归方程对多个自变量的组合与因变量之间互相关联的程度进行分析，可以判断出来影响因变量产生变化的自变量，并且能够计算出影响力的方向以及大小。本研究选择观察Sig.值来对结果进行判定，Sig.<0.001，影响程度越显著。

1. 交易风险感知对消费者购买意愿的影响：回归的结果

通过表5-26，Sig.值为0.000，小于0.001，满足F检验和T检验要求，回归效果显著，因此回归模型设定可接受。R方为0.378，表示此回归方程可以解释总异变的31.6%，证实交易风险对购买意愿有影响。根据表5-27，B值为-0.491，说明有负面影响。数据表明，消费者认为交易风险越大，他们的购买意愿越小。假设 1 成立，交易感知风险与消费者购买意愿呈负相关。

表 5－26　交易风险对购买意愿的影响：模型汇总

模型	R	R 方	调整 R 方	标准估计的误差	更改统计量				
					R 方更改	F 更改	Df1	Df2	Sig. F 更改
1	.562[a]	.316	.313	.44893	.316	141.98	1	308	.000

a. 预测变量：(常量)，交易风险

表 5－27　交易风险对购买意愿的影响：系数

模型		非标准化系数		标准系数	t	Sig.
		B	标准误差	试用版		
1	(常量)	1.976	.154		12.841	.000
	交易风险	－.491	.041	－.562	－11.916	.000

因变量：购买意图

2. 配送风险感知对消费者购买意愿的影响：回归的结果

通过表 5－28，结果显示，Sig. 值为 0.000，小于 0.001，满足 F 检验和 T 检验要求，回归效果显著，因此回归模型设定可接受。R 方为 0.722，表示此回归方程可以解释总异变的 72.2%，证实配送风险对购买意愿有显著影响。根据表 5－29，B 值为－0.734，说明有负面显著影响。数据表明，消费者认为配送风险越大，他们的购买意愿越小。假设 2 成立，配送感知风险与消费者购买意愿呈负相关。

表 5－28　配送风险对购买意愿的影响：模型汇总

模型	R	R 方	调整 R 方	标准估计的误差	更改统计量				
					R 方更改	F 更改	Df1	Df2	Sig. F 更改
2	.850[a]	.722	.721	.28604	.722	800.44	1	308	.000

a. 预测变量：(常量)，配送风险

表 5－29　配送风险对购买意愿的影响：系数

模型		非标准化系数		标准系数	t	Sig.
		B	标准误差	试用版		
2	（常量）	1.010	.099		10.160	.000
	评论者资信度 Mean	－.734	.026	－.850	－28.292	.000

因变量：购买意图

3. 售后风险感知对消费者购买意愿的影响：回归的结果

通过表 5－30 结果显示，Sig. 值为 0.000，小于 0.001，满足 F 检验和 T 检验要求，回归效果显著，因此回归模型设定可接受。R 方为 0.735，表示此回归方程可以解释总异变的 73.5%，证实售后风险对购买意愿有显著影响。根据表 4－27，B 值为－0.723，说明有负面显著影响。数据表明，消费者认为售后交易风险大，他们的购买意愿越小。假设 3 成立，售后感知风险与消费者购买意愿呈负相关。

表 5－30　售后风险对购买意愿的影响：模型汇总

模型	R	R 方	调整 R 方	标准估计的误差	更改统计量				
					R 方更改	F 更改	Df1	Df2	Sig. F 更改
3	.857[a]	.735	.734	.27942	.735	853.56	1	308	.000

a. 预测变量：（常量），售后风险

表 5－31　售后风险对购买意愿的影响：系数

模型		非标准化系数		标准系数	t	Sig.
		B	标准误差	试用版		
3	（常量）	1.045	.095		10.982	.000
	评论者资信度 Mean	－.723	.025	－.857	－29.216	.000

因变量：购买意图

本文设计模型架构，把感知风险细分为三方面：交易风险感知、配送风险感知和售后风险感知。将感知风险作为自变量，购买意愿作为因变量，通过文献研究和问卷调查分析，得出以下结论：

（1）交易风险感知对女装消费者有消极影响，但是影响不大。由于现在网络交易越来越规范化和安全化，交易时出现的问题不大，所以消费者对网络交易比较放心。当消费者交易风险感知越高时，越容易降低其购买意愿呈现负相关。假设1得到证实。

（2）配送风险感知对女装消费者有消极影响，影响显著。现在由于暴力快递问题，有些商品出现损坏、丢失等情况，这些配送风险会使消费者降低网购意愿。当消费者配送风险感知越高时，越容易降低其购买意愿呈现负相关。假设2得到证实。

（3）售后风险感知对女装消费者有消极影响，影响显著。由于网购的特殊性，购买时看不到真实的服装商品，感受不到实物，所以会出现不满意、商品有问题、要求退换货的情况。如果售后服务问题过大，消费者会犹豫是否购买。当消费者售后风险感知越高时，越容易降低其购买意愿呈现负相关。假设3得到证实。

4. 管理建议

商家想要提高网购销量，就要降低消费者感知风险，注重交易的安全性，切实保障消费者的利益；配送过程中出现的问题，商家可以在包装时多包几层，或者专门培养快递员，严格培训，提高配送质量；尽量减少损坏程度；提高售后服务质量，使消费者放心买，没有后顾之忧。所以，商家可以通过以上建议，提高自身服务水平，使消费者降低感知风险，提高购买意愿，增加销售量。

第六章　服务因素与服装消费行为

第一节　在线销售员

有关销售，可以在产品（Product）、价格（Price）、渠道（Place）、促销（Promotion）等4个因素上加一个第五P，也就是人力资源（People）来做出差别化，确保企业的竞争优势（Jude，1987）。这里所指的人力资源的能力在产品、价格、渠道、促销因素等相比其他企业没有差别化或缺乏对产品的信息时尤其关键。这时，销售员可以给客户提供购买决定上所需的信息，还可以促进产品或服务的购买，起到与客户保持长期关系的作用（Crosby et al.，1990）。特别是在服装产品上，销售员可以建立企业与品牌的形象，在提高客户忠诚度方面起到重要作用。

在线销售员在售前服务的岗位职责，主要是在办公室用及时通讯工具负责网购商城专卖店的客服售前咨询、订单沟通达成以及售后服务工作。职责要求：（1）熟悉基本办公软件，熟悉网络与聊天工具，支付宝购物流程等基本知识；（2）具有电话销售或者直销工作的经验；（3）普通话标准，口齿伶俐，有较强的沟通能力，声音有亲和力；（4）有特殊情况的订单及时跟打单员、售后客服沟通，有很强的责任心和团队精神。

在线销售员在售后服务的岗位职责：（1）打印发货单、快递单、仓库配货；（2）通过电话和聊天工具及时解决客户疑难问题并记录，妥善解决客户的退件及退款问题并记录；（3）及时了解并解决客户所做出的中、差评；（4）接受客户查件，追踪物流，确保快递及时妥善送达；（5）接受并处理客户投诉，了解投诉原因并提出改善建议；（6）登记网购部所有产品销售、库存数据，收支统计；（7）能积极完成客服主管分配的其他工作。

第二节　销售员属性

在服装产品市场的过度竞争中，如果店铺想具备竞争力，仅靠差异化的设计与品质建立长期关系非常有限，因此急需服务上的差异化。特别是对于追求时尚的消费者来说，根据他们所追求的时尚程度更容易出现更换品牌的倾向，为了提高他们的忠诚度，需要从销售员着手对店铺的服务进行差异化。

销售员具备如下几方面的属性：

一、外貌（appearance）

对于第一次访问店铺的消费者来说，因为没有先前的知识，就会受到销售员的外部因素即第一印象、妆容、衣着等影响，因此视为重要的因素。Berscheid and Walster（1974）表示，销售员的身体美丽程度是让消费者对销售员产生好评的重要因素，而这种评价因素则影响沟通的效果。因此，本研究中将销售员的外貌视为影响企业形象、品牌形象及店铺氛围因素，并设置为本研究的主要变量。

二、伦理性（ethics）

销售员的伦理是将公司的产品、服务及想法向潜在客户，即曾购买竞争品牌产品，虽然没有购买我公司的产品，但是有可能会购买的客户，提出相比其他公司产品的竞争优势因素，在说服客户购买的过程中，做出期待客户认可及接受的行为道德意识及责任。

销售员不能强求消费者购买不需要的产品，或引导购买不想购买的品牌，向所有客户提供统一的服务，不能夸大扭曲自己公司的产品。Roman and Ruiz（2005）指出，被认知的销售员伦理性对销售员的满意度、信任造成显著影响。而Kim（2001）也指出，服装销售员的伦理性对销售员的满意度造成显著影响。本研究中将销售员的伦理性定义为销售时公司产品评价的诚实成果，从消费者的实现所展现的销售员的诚实态度。

三、专业性（expertise）

专业性指为了向消费者提供公司产品及服务而所需要的准确知识、信息、技术，通常是成功影响销售行为的销售员属性之一（Taylor & Woodside，1981）。服装销售员的专业性包括对公司产品的知识、时尚信息以及合适搭配产品的能力。对于销售员的专业性 Weiz（1981）认为是对产品的专业知识、对产品的说明力、产品推荐及表达能力，而 Crosby et al.（1990）认为是消费者在进行产品或服务交易时认识销售员的能力，因此，从销售员提供的知识和信息的形式中出现。本研究中将服装店铺销售员的专业性定义为对公司产品的知识、搭配能力及对时尚的感觉。

四、类似性（similarity）

销售员的类似性定义为消费者与销售员相似的程度，包括外貌、语气、性格、社会地位、价值观、生活方式等（Crosby et al.，1990）。有关类似性的先行研究中，其他所有条件都相同的情况下，认为与消费者类似的销售员的成功率会更高（Wiener & Mowen，1986）。在本研究中类似性包括服装店铺销售员的个性、兴趣、价值观、外貌、穿着等内外在部分。

五、好感度（likeability）

消费者对销售员的信任可以加强销售员的影响力，从长远视角来看，是保持及发展客户与销售员之间关系的因素。在获得客户信任的方面，销售员的属性中好感度起到重要的作用（Swan et al.，1985）。而且好感度对销售员的肯定评价中，对销售员满意度造成影响（Kim，2001）。本研究中的好感度定义为给消费者展现的销售员的外在自信、活泼的性格及幽默感。

第三节 实证研究——销售员属性

本次实证研究中欲了解购买服装的行为中建立的暂时性与销售员产生的关系中，消费者所认为的消费者属性对持续关系的投入与成果造成了多少影响，进一步有助于服装品牌销售员的素质教育与建立长期关系。

有结果显示，销售员的属性与客户满意度或销售成果有显著关系。Swan et al.（1985）指出，销售员的信任、诚实、能力、客户指向性以及好感度等销售员属性的重要程度，随着客户感知的程度而增加。Martin and Sohi（1993）指出，销售员的能力、类似性、客户指向性及诚实成果等属性是持续关系的重要决定因素。本研究将以销售员的属性之外貌、伦理性、专业性、类似性、好感度、客户指向性以及客户管理性为中心进行研究。

一、关系承诺（relationship commitment）的概念

专注是人们因为之前的投资想要持续某种行为的现象（Becker，1960），维持价值关系的持续的热情（Dwyer et al.，1987）。有关关系承诺Moorman et al.（1992）定义：为了维持关系的持续努力，当有价值的关系视为重要时，才存在专注。因此，本研究中在解释销售员与消费者关系上，将关系承诺设为变量，作为关系承诺的领域设置满意度和信任度。

（一）满意度（satisfaction）

Cronin and Taylor（1992）的研究中指出，满意度对销售员和店铺提供的广泛服务状况中，对购买意图造成显著影响。Reynolds and Beatty（1999）指出，根据客户与销售员的长期关系，客户的社会性以及出现功能性利益的销售员满意度，对该店铺及企业的满意度造成显著影响。Crosby et al.（1990）也指出，销售员的销售活动中，信任度和对服务的满意度可以增加对服务的回头购买。本研究中定义为在排除购买时消费者因之前的购买经验所获得的品牌忠诚度或店铺忠诚度的状态下的消费者对销售

员的满意度。

（二）信任度（trust）

Doney and Joseph（1997）定义为基于消费者与企业共同的目标和价值，认为企业会为了给消费者最佳利益而行动的对企业的消费者信任。在销售员的销售活动中，消费者缺乏正确评价销售员所提供服务的标准或信息，因此除信任销售员的服务外没有其他对策，所以销售员值得信任的行为，对维持持续性关系造成显著影响。信任也可以说是忠诚度的重要前项变量，据 Morgan and Hunt（1994）指出，品牌信任度会连接到品牌忠诚度，原因是创造信任度高的交换关系。因此，目前销售员所专注的水准，直接依赖于消费者信任销售员的水准，所以销售员值得信任的态度可能会对长期成果造成影响。

（三）成果（Performance）

根据消费者与销售员之间的销售员属性的关系承诺成果，可通过店铺忠诚度展现。只要建立关系承诺领域的满意度和信任度，消费者就会回访该店铺，并维持持续性关系，从而提高店铺忠诚度。忠诚度分为品牌忠诚度、店铺忠诚度、服务忠诚度等，其中店铺忠诚度是指特定店铺的一段期间购买产品或访问店铺等反复行为，对店铺的利润造成影响（Raj，1982）。因此，本研究中定义为回头购买意图高，通过口传将店铺的优点传达给其他人的店铺忠诚度。

二、研究方法及程序

（一）研究问题及研究模型

本研究的目的在于了解消费者与服装销售员之间对关系承诺与成果造成影响的销售员属性。具体研究问题与研究模型设定如图 6－1。

研究问题 1：销售员的属性是否对消费者与销售员之间的关系承诺造成影响？

研究问题 2：消费者与销售员之间的关系承诺是否对成果造成影响？

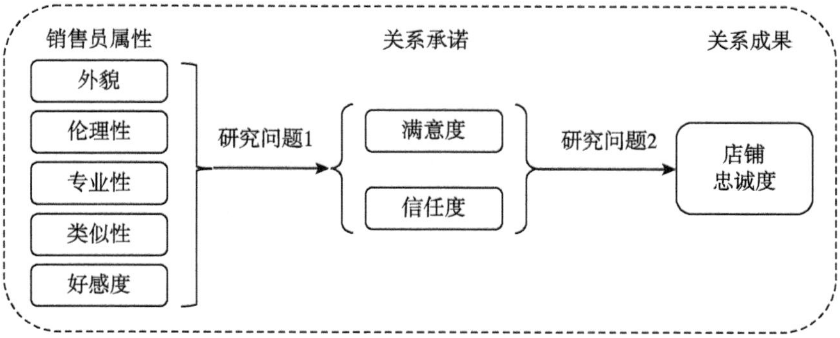

图 6－1　研究模型

（二）测量工具及资料分析

本研究的问卷根据 Kim（2001）研究在销售员属性中的外貌基础上提出 5 个问题，根据 Crosby et al.（1990）研究的专业性与类似性基础，各提出 4 个问题。伦理性根据先行研究（Swan et al.，1985）提出 5 个问题，好感度根据 Kim（2001）和 Swan et al.（1951）的研究提出 3 个问题。关系承诺中满意和信任的提问都是在 Kim（2001）的研究中提取。关系成果之店铺忠诚度根据 Jo（2003）的研究提取 4 个问题。每项问题选择 5 分 Likert 量表，从“非常不同意”1 分到“非常同意”5 分方式进行测量。为了分析本研究的资料，使用 SPSS18.0 进行了频率分析、信任度分析、因素分析及多重回归分析。

（三）研究对象及资料收集

为了本研究的实证调查，于 2016 年 10 月 15 日到 10 月 20 日期间，以中国消费者为对象进行了在线问卷调查。最后共收集 300 份问卷，并用于资料分析。从制作标本的人口统计特征来看，女性 130 名（56.7%），男性 170 名（43.3%），其中未婚 135 名（45%）、已婚 165 名（55%）；年龄段是 20～29 岁 177 名（59%），30～29 岁 70 名（23.3%），40～49 岁 39 名（13%），50～59 岁 14 名（4.7%）；收入为不到 1 万元 30 名（10%），1 万～2 万元 143 名（47.7%）出现最多，2 万元以上是 127 名（42.3%）。

三、研究结果及讨论

（一）因素分析及可靠性分析

在对研究问题进行验证之前，为了验证概念之间的可靠性和可用性，首先进行了探索性因素分析。分析结果显示，Cronbath's α 系数出线 0.720～0.861 较高，表示本研究测试项目都有内在一致性。销售员属性则命名为“外貌”、“专业性”、“类似性”、“伦理性”、“好感度”。有关关系承诺的变量以销售员的“满意度”、“信任度”命名，每个 Cronbath's α 系数出现 0.726、0 .720。成果以“店铺忠诚度”命名，Cronbath's α 系数显示 0.750。研究结果如表 6－1 所示。

表 6－1 变量的探索性因素分析结果

因素		问项	因素负荷量	固有值	解释变量%	Cronbath's α
销售员属性	外貌	销售员的语气一直都温柔明确	.836	2.872	57.445	.809
		销售员的穿着端庄	.790			
		销售员的第一印象不错	.781			
		销售员的妆容不夸张	.638			
		销售员的形象和这个品牌店一致	.729			
	专业性	能正确仔细地回答消费者所提的问题	.817	2.26	70.641	.861
		能按照消费者的取向、身材特征推荐合适的服装	.863			
		对产品掌握了一定的知识	.813			
		向消费者传递有关服装的知识	.868			
	伦理性	推荐产品为的是消费者的满足，而不是以贩卖为目的	.833	3.120	62.401	.847
		不会向我强求购买产品	.38			
		所提供的产品价格、品质都很正确	.807			
		不会夸张或歪曲产品的品质	.730			
		倘若产品不适合消费者，会立即劝阻购买	.736			

续表

因素		问项	因素负荷量	固有值	解释变量%	Cronbath's α
销售员属性	类似性	销售员的个性与我相似	.818	2.439	60.979	.783
		销售员的取向与我相似	.787			
		销售员的价值观与我相似	.806			
		销售员穿着与我相似	.708			
	好感度	这位销售员有自信	.884	2.060	68.655	.768
		这位销售员性格活跃	.781			
		这位销售员幽默和谐	.817			
关系承诺	满意	这位销售员很可信	.793	1.943	64.782	.726
		这位销售员让人满意	.794			
		这位销售员信守诺言	.827			
	信任	这位销售员正直	.774	1.928	64.270	.720
		这位销售员值得信赖	.823			
		这位销售员比其他人更让我愉悦	.807			
成果	店铺忠诚度	我已经好几次向他人宣传过这家店的优点	.777	2.007	66.909	.750
		我下次还想在这家店购买服装	.826			
		如果谁想购买服装，我肯定介绍这家	.849			

（二）销售员属性对消费者与销售员之间的关系承诺造成的影响

为了了解销售员属性对消费者与销售员之间的关系承诺造成的影响，将销售员属性之外貌、专业性、类似性、伦理性、好感度设置为自变量，而关系承诺之满意度和信任度设置为因变量进行多重回归分析，并得出以下结果（表 6－2）。关系承诺的满意度在回归模型中具备 83.4% 的说明力和 F 值为 295.406，出现统计学上显著性差异。对满意度造成影响的销售员属性出现“外貌（$t=6.542$）”、“专业性（$t=4.900$）”、“伦理性（$t=2.432$）”、“好感度（$t=2.352$）”。信任度在回归模型里的说明力是 84.0%，F 值 309.461，出现统计学上显著性差异。对信任度造成影响的销售员属性出现“外貌（$t=8.451$）”、“专业性（$t=2.937$）”、“好感度（$t=3.026$）”。而在 Kim（2001）的研究结果中，对满意度和信任度造成影响的变量为专业性、类似性、伦理性、好感度，而外貌不会造成影响，可以看出与本研究得出的结果出现不同的差异。

表 6-2 销售员属性对关系承诺造成影响力

关系承诺（因变量）	销售员属性（自变量）	β 值	t 值	R^2	F 值
满意度	外貌	.446	6.542***	.834	295.406***
	专业性	.274	4.900**		
	伦理性	.092	2.432*		
	类似性	-.021	-.864		
	好感度	.150	2.352*		
信任	外貌	.565	8.451***	.840	309.461***
	专业性	.161	2.937**		
	伦理性	.032	.872		
	类似性	.015	.618		
	好感度	.189	3.026**		

* $p<.05$，** $p<.01$，*** $p<.001$

（三）消费者与销售员之间关系承诺对成果造成的影响

为了解关系承诺对成果造成的影响，将关系承诺设置为自变量，将成果之店铺忠诚度设置为因变量，进行回归分析后得出以下结果（表6-3）。分析结果之关系承诺对成果之店铺忠诚度造成的影响在回归模型中出现76.4%的说明力，F值479.621，出现统计学上显著性差异。而满意度（$t=11.770$）和信任度（$t=5.769$）都会造成统计学上显著性影响。根据先行研究，对销售员的满意度高的客户，相比不高的客户回访店铺的店铺忠诚度更高，寻找相同的销售员的情况更高（Bloemer & Kasper，1995），支持了本研究的结果。

表6-3 关系承诺对成果造成的影响力

关系成果（因变量）	关系承诺（自变量）	β值	t值	R^2	F值
店铺忠诚度	满意	.609	11.770***	.764	479.621***
	信任	.298	5.769***		

** $p < .01$，*** $p < .001$

本研究以服装消费环境的消费者为对象，了解了销售员属性对关系承诺和成果造成的影响。通过研究结果提出有关消费者与销售员之间的持续性关系承诺及销售活动方面的营销战略为目的。研究结果如下：

首先，销售员属性中“外貌”、“专业性”、“伦理性”、“好感度”等因素出现统计学上显著性水准的对关系承诺中的满意度造成影响。而对信任度造成影响的销售员属性的“外貌”、“专业性”、“好感度”出现统计学上显著性差异。因此，企业为了提高与消费者的关系承诺，需要重视销售员的外貌、专业性、好感度。尤其销售最新时尚或搭配相关信息等专业知识和销售时，销售员的外貌管理和对客户的亲切态度等是增加客户满意度和信任度的因素。

第二，关系承诺对消费者成果造成影响的因素之“满意度”与“信任度”都出现统计学上显著性影响。其结果与销售员的客户满意度可以对回头购买、善意的口头活动、决定品牌与店铺的忠诚度的重要变量的先行研究（Reynolds & Beatty，1999；Roman & Ruiz，2005）的结果相似。因此，销售员的外貌或专业性、好感度可以增加客户的满意度和信任度，确保常客，提高店铺忠诚度。

第三，消费者所重视的销售员属性中“外貌”出现最高，然后是“专业性”、“好感度”。可以看出，对于时尚比较敏感、追求快餐式满意度的消费者来说，销售员的外貌是重要的变量。因此，企业需要通过销售员的服装、配饰、妆容等提高品牌形象。而且从“专业性”和“好感度”来看，将销售员对产品的知识和解释方式视为维持与客户的关系的重要因素，并积极反映在销售员培训中。

第四节　在线服务

网店的营销服务是由售前、售中、售后服务构成的体系。在线服务在功能营销的基础上，通过加强“服务”这一手段来达到扩大销售的目的。这是企业越来越认识到服务在销售中的重要作用而必然采取的措施。在线服务在整个电子商务体系中显得越来越重要。

一、售前服务与消费者心理

售前服务是整个商品交换过程的重要活动，是争取消费者的重要手段，因此，售前服务对消费者的心理影响是非常重要的。它是指产品从生产领域进入流通领域，但还没有与消费者见面的这段时间里的各种服务，主要包括货源组织、商品的运输、储存保管、再加工、零售部门的广告宣传、拆零分装等。在这一过程中，为消费者服务的工作主要体现在为消费者买好、用好商品所做的准备和预先控制上。消费者购买商品的心理活动，总是首先从对商品或商品的注意开始的，进而逐步对商品产生兴趣，产生购买欲望。而售前服务的心理影响正是要达到引起消费者注意，并对商品产生兴趣和购买欲望的目的。售前服务心理主要体现在利用售前广告引起消费者的注意，网点内商品的布局力求使消费者产生兴趣以及货源准备、商品质量检验等各项工作上。

二、售中服务与消费者心理

售中服务是指在商品买卖过程中，直接或间接地为销售活动提供的各种服务。现代商业销售观念认为，销售过程既是满足消费者购买商品欲望的服务行为，又是不断满足消费者心理需要的服务行为。服务的好坏不但直接决定买卖成交与否，更重要的是为消费者提供了享受感，从而增加了消费者购买的欲望，在买卖者之间形成相互信任、融洽而自然的气氛。售中服务在更广泛的范围内被企业家们视为商业竞争的有效手段。售中服务主要包括介绍商品、充当参谋、交货和结账。

三、售后服务与消费者心理

售后服务是指生产企业或零售企业为已购商品的消费者提供的服务。传统观点把成交或推荐购买其他商品的阶段作为销售活动的终结。在市场经济条件下，商品到达消费者手中，进入消费领域以后，企业还必须继续提供一定的服务。因为这样可以有效地沟通与消费者的感情，获得消费者宝贵的意见，以消费者亲身感受的事实来扩大企业的影响。它不是一种简单的形式，而是把消费者的利益看成是自己的利益，竭力为消费者提供完美的服务的促进销售的手段。

售后服务作为一种服务方式，内容极为广泛，目前愈来愈受到企业的重视，服务的范围也在不断扩大。售后服务主要有两个方面：一是提供知识性指导及咨询服务，通过实行“三包”服务使消费者树立安全感和信任感；二是帮助消费者解决安装与运输大件商品服务等常常使消费者感到为难的问题，为消费者提供方便。

企业需要熟悉了解消费者对商品使用后的感受和意见。业内专家分析，面临激烈的市场竞争，维持一个老消费者所需的成本是寻求一个新消费者成本的0.5倍，而要使一个失去的老消费者重新成为新消费者所花费的成本，则是寻求一个新消费者成本的10倍。维持当前的消费者的成本远小于得到新的消费者。一个5年来一直忠诚不变的消费者对于商家来说，铲除了7.5倍的利润（相对于第一年的消费）。因此，在营销的环节中，保持或培养消费者的忠诚度至关重要。良好的售后服务有助于维持和增加当前消费者的忠诚度。

第五节　实证研究——在线服务质量

本次实证研究是围绕社交商务当中的在线服务质量关联研究，所谓社交商务（Social Commerce）是指通过社交网络（SNS）实现的电子商务，具体而言，这是一种通过微信（Wechat）、微博（Weibo）等社交网络（SNS；Social Network Service），聚集一定购买者，而后给出最优价格的销售形式。有意向购买产品的人为了得到最优价格，通过社交网络召集共同购买者，这也是社交商务这一命名的由来。社交商务最早出现在美国芝加哥，那里诞生的第一个在线打折优惠券网站（Groupon），成功组建了世界最大团购型社交商务公司，其服务范围覆盖美国及欧洲等地。Groupon 于 2008 年 11 月上市，仅在不到两年时间里，其企业价值就被评估为 13.5 亿美元。

社交商务商家以产品品种为单位，常常以五折甚至一折的优惠价格在 24 小时内限时出售。当然商家规定折扣的前提必须是购买者需达到一定数量以上，比如说有 10 人以上购买时可享受七折优惠。这一销售形式被应用于多种产品，其中服装产品的购买率最高。中国社交商务市场的崛起速度和未来潜力都在世界范围内首屈一指，针对中国消费者的社交商务平台的服务水准也在不断改善，本文顺应适时，对中国社交商务中服装产品相关的消费行为进行了深入研究。

一、理论背景

（一）在线服务质量

电子商务贸易中，服务质量可谓在商业市场竞争白热化的情况下，提高企业业绩及竞争力的一把利器（Tool）。服务因无固定形态，与有形的产品质量不同，无法用产品架构或不合格率等客观标准来衡量。电子商务贸易中的服务质量有多种定义，而被学术界最广为接受的一种是通过消费者的感知来衡量服务质量。Gronroos（1984）研究表明，服务质量可以通过过程服务质量和结果服务质量两个层面来诠释。过程服务质量可参考 Liu and Arnett（2000）关于网站成功要素的研究，研究指出服务质量由信息与服务质量、娱乐性、系统使用、系统设计等构成，结果服务质量则可参考 Oliver and Rust（1994）的研究结果，研究认为服务质量模型由服务产品、服务传递、服务环境等 3 个因素构成。本文基于服务质量相关的先前研究，主张在社交商务中，中国消费者购买服装产品时所感知的服务质量由过程服务质量和结果服务质量构成。

（二）消费者信任

信任往往被认为是关系的形成和维持的核心概念，然而从市场营销的角度来看，信任是消费者和企业之间建立可持续性友好关系的基础，也是企业发展和得以维系的关键。即便在电子商务贸易中，长期关系的建立也需要信任作为担保，一般来讲，信任是形成良好关系的必要因素。尤其是社交商务中，市场门槛低，企业规模相对较小，销售者与消费者之间能否建立信任就显得尤为重要。Chen and Dhillon（2003）针对电子商务贸易中的正直、能力以及善意等影响消费者整体信任的因素进行了分析，结果表明，消费者满足及特性、公司特性及服务品质等因素对消费者信任有积极影响。Cheung and Lee（2007）认为，服务质量、信息质量、网站设计等影响消费者信任的形成。

（三）二次消费意向

电子商务贸易中，刺激消费者二次消费对稳定现有客户至关重要，以长远的眼光来看，稳定客户是实现企业创收的重要因素。Fang et al.（2014）证明，电子商务贸易中消费者信任和满意影响二次消费意向。他们认为消费者对网店的信任度越高，其二次消费的可能性越高。这样一来，就能形成持续创收的商业模式。另外，Voorhees and Zboja（2014）也提及商业贸易中消费者对品牌的信任和满足对其二次消费意向有积极影响。

二、研究方法

（一）研究模型及假设

本研究将通过社交商务平台购买过服装产品的中国消费者作为调查对象，旨在研究社交商务的服务质量对消费者信任产生的影响、消费者信任对消费者二次消费意向产生的影响以及服务质量对消费者二次消费意向产生的影响，建立了如下研究模型和假设。

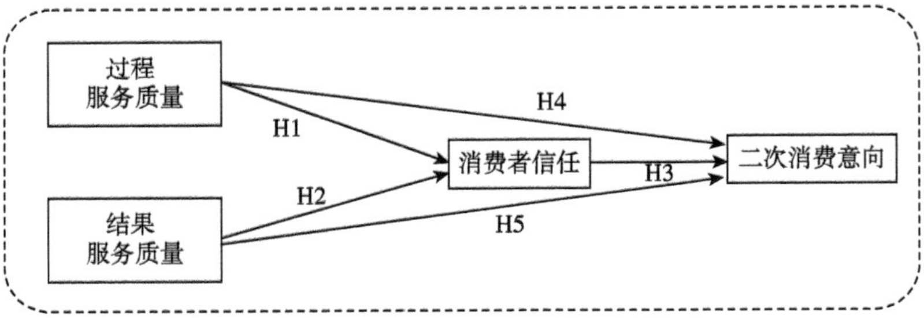

图 6－2　研究模型

假设 1：社交商务的过程服务质量对消费者信任有积极影响。

假设 2：社交商务的结果服务质量对消费者信任有积极影响。

假设 3：社交商务的消费者信任对二次消费意向有积极影响。

假设 4：社交商务的过程服务质量对二次消费意向有积极影响。

假设 5：社交商务的结果服务质量对二次消费意向有积极影响。

（二）研究对象及样本收集

为验证上述研究假设，本文以在中国社交商务网站上购买过服装产品的中国消费者为对象，2017 年 2 月 1 日至 10 日进行了线上问卷调查（www. so. jump. com），共有 200 份问卷用于研究分析。

（三）研究工具

本文对先前研究中已检验的测度项进行修改完善，重组作为本次研究工具。其中，中国社交商务的过程服务质量与结果服务质量的测度项参考 Liu and Arnett（2000）以及 Oliver and Rust（1994），中国社交商务的消费者信任的测度项参考 Chen and Dhillon（2003）以及 Cheung and Lee（2007）中的 4 个问题。二次消费意向则摘取 Fang et al.（2014）中适用于本次研究 3 个测度项进行适当修改后使用。各题均采用 Likert five scale，按照“完全不同意”1 分、“非常同意”5 分的方式记分。

（四）样本分析

本次研究采用社会科学常用统计工具 SPSS 18.0 对通过问卷调查所收

集的数据进行分析。首先，为了掌握调查对象的人口统计学特征，我们进行了频度分析。随后又对由多个测度项构成的理论变量进行信度分析，通过检测体现内在一致性的 Cronbach's alpha（α）系数，确认理论变量的可信性。其次，通过探索性因子分析，检测了测度项的有效性。最后，对假设进行回归分析，确认各变量之间的关联性。

三、研究结果

（一）样本特性

本次研究的调查对象是在中国社交商务平台上购买过服装产品的消费者，共收集 200 份调查问卷作为研究样本使用。频度分析结果显示，被调查者中 20~30 岁的比重最大，共 119 人（59.5%）；其次为 10~20 岁的，共 32 人（16.0%）。男性共 61 人（30.5%），而女性则有 139 人（69.5%）参与本次调查，由此可见，通过社交商务平台购买服装产品的人群中女性居多。另外，大多数调查对象是 20~30 岁，因而未婚者占比较高，共 151 名（75.5%）。从职业信息来看，学生 141 人占比最高，为 71%。相应的从学历信息来看，在校生 137 人，占总人数 68.5%。从收入信息来看，被调查者的收入水平在一定程度上相对平均，其中收入不满 1 万元者占 64.5%，相对较多。

（二）信度及效度分析

为了将测度项按不同变量导出，本研究采用了主成分分析及正交旋转法，因子分析结果显示所有测度项的因子负荷均高于 0.7，无需做删减。为了确认测度项之间的内在一致性，我们检验了信度系数（Cronbach's α），结果均在 0.7 以上。最后，探索性因子分析将与各变量相关的测度项一一整合，结果见表 6-4。

表6－4　探索性因子分析结果

Factor Name	Item	Factor Loading	Eigen Value	Variance Explained%	Cronbach's α
过程服务质量	服装产品相关信息准确且容易理解	.803	2.608	65.204	.809
	对消费者提出的问题能够迅速作答	.820			
	可以追踪已下单的服装产品的物流情况	.773			
	个人信息外泄的危险性较低	.833			
结果服务质量	收到的产品质量很好	.778	2.417	60.436	.775
	实际收到的服装产品与社交商务平台描述一致	.842			
	购买的产品没有问题	.766			
	送货较快	.718			
消费者信任	我认为这个社交商务平台是值得信任的	.852	2.928	73.204	.877
	我认为这个社交商务平台是考虑消费者利益的	.892			
	社交商务平台通常不会让我失望	.837			
	这个社交商务平台在产品质量/价格/服务方面讲信用	.841			
二次消费意向	我想一直使用这个社交商务平台	.798	2.345	78.175	.855
	网上购物时，我会优先考虑这个社交商务平台	.942			
	我愿意向其他人推荐这个社交商务平台	.906			

（三）假设检验

为了研究中国消费者所感知的社交商务平台服务质量对消费者信任和二次消费意向产生的影响，以及消费者信任的媒介作用，本文采用回归分析对假设进行检验，结果如表6－5。

关于社交商务平台的服务质量对消费者信任产生的影响的分析结果表明，R^2值为0.390，即消费者对社交商务平台的信任对服务质量的说明力为39%。过程服务质量（$\beta=0.547$，$p<0.001$）及结果服务质量（$\beta=0.156$，$p<0.01$）均对消费者信任有显著的积极影响。由此可见，中国社

交商务平台的服务质量越高，消费者对其信任感就越强。假设 1 和假设 2 成立。

本文认为，消费者对中国社交商务平台的信任对其二次消费意向产生影响，相关分析结果得出 R^2 值为 0.567，即消费者在同一社交商务平台上的二次消费意向对消费者信任（$\beta = 0.753$，$p < 0.001$）的说明力为 56.7%。消费者信任对二次消费意向有显著的积极影响，即消费者对中国社交商务平台的信任感越强，在这一平台上二次消费意向就越高。假设 3 成立。

最后，通过检测中国社交商务平台的服务质量对消费者二次消费意向的直接影响，发现过程服务质量（$\beta = 0.489$，$p < 0.001$）和结果服务质量（$\beta = 0.140$，$p < 0.05$）均对二次消费意向有显著积极影响。其中，过程服务质量的直接作用较大，假设 4、假设 5 成立。另外，即便在没有媒介变量—消费者信任的情况下，服务质量也对二次消费意向产生了直接显著的影响。因此，可以认为本文中的消费者信任具有部分媒介作用。

表 6－5　假设检验结果

假设	因变量	自变量	β	t	R^2	F
假设 1	消费者信任	过程服务质量	.547	9.057 ***	.390	63.081 ***
假设 2		结果服务质量	.156	2.591 **		
假设 3	二次消费意向	消费者信任	.753	16.114 ***	.567	259.676 ***
假设 4	二次消费意向	过程服务质量	.489	7.619 ***	.312	44.624 ***
假设 5		结果服务质量	.140	2.177 *		

* $p < .05$，** $p < .01$，*** $p < .001$

如今，社交商务在全球范围内迅速崛起，本文通过研究这一新兴商务模式，分析了中国社交商务平台的服务质量对消费者信任及二次消费意向所产生的影响。通过调查曾在中国社交商务平台购买过服装产品的 200 名中国消费者，收集数据用于研究分析。

现将研究结果总结如下：

第一，消费者对中国社交商务平台的信任会随着过程服务质量和结果服务质量的增高而增加。这与 Chen and Dhillon（2003）、Cheung and Lee

(2007) 的研究结果不谋而同。其中，过程服务质量较结果服务质量而言作用更大，可见消费者在使用社交商务平台时，更注重过程体验而不是结果。因此，为了赢得消费者的信任，社交商务平台上的时尚店铺不仅需要注重网站使用的简易性和便利性，更要为消费者提供一个安全稳定的网络交易系统。除此之外，一个卓越的物流体系也是必不可少的，因为能否为消费者提供迅速安全的配送服务也是消费者是否愿意信任该平台/网店的判断标准之一。

第二，中国消费者在同一社交商务平台上的二次消费意向会随着其信任度的增加而增强。这一结论再次验证了 Fang et al. (2014)、Voorhees and Zboja (2014) 的研究结果。另外，过程服务质量和结果服务质量均对二次消费意向有积极影响，消费者信任也在其中扮演着部分媒介变量的角色。为了提高消费者的二次消费意向，应该提供信息源较安全的服装产品信息、简洁明了的产品分类以及便捷的产品信息检索功能。在实现消费者购物便利性最大化的同时，不仅要提高服装产品的质量，还应对产品派送情况进行实时反馈，如此才能全面提高服务水平。

本实证研究围绕新兴的中国社交商务相关时尚消费行为，在一定层面上进行了探究，弥补了学术界在这一方面的研究欠缺，为企业发展提供了数据支撑。不过，还是有少许局限性：第一，本文使用的数据是通过网上进行随机获取的，中国地大物广，人群分布不均匀，仅 200 份的问卷较难说明整个中国消费者的消费心理，以后的研究应按照区域进行更为细致地分析。第二，以中间变量—消费者信任的媒介分析结果来看，可以同时考虑一下变量的调节作用，今后研究应扩展研究模型，进一步分析上述变量的调节作用。

第七章　评论因素与服装消费行为

第一节 在线评论

网上购物，消费者只能通过图片和文字描述来了解商品。如果商品是实物拍摄的，商品描述是全面客观的，那么消费者拿到商品以后因商品质量问题而给商家中差评的概率就很小了。

因此，网购时查看消费者评论是正常不过了，评论因素会是网购消费者是否购买的一个重要依据。网购行为看似简单，实际包括了消费需求、搜索商品、对比后选择、购买时、购买后行为。而在线评论成为对比选择的重要依据。

根据多年来对网上消费者的调查和研究发现，随着互联网的发展，越来越多的消费者在买产品时都会通过搜索引擎去了解他们要购买的商品详情，包括很多方面的需求：有哪些品牌？这些品牌怎么样？同种商品不同价格的区别？相同价格产品效果的差距？面对无数网络消费者提出的种种复杂多变的消费需求，我们要找出最直接的答案，那就是传递消费者的真实感受，也就是在线评论。通过对在线评论的搜集，消费者可以对商品的优缺点、用途、适宜人群、性价比、用户回馈、注意事项一一了解。其次，一个产品从商家到消费者，经历了商家和物流两次服务，因此对于服务的满意程度也会体现在评论内容当中。网络购物，网站提供的是一个交易平台，交易双方都是网民，对方是什么来历，是否诚信，本来就虚虚实实，似乎有着愿打愿挨的风险。但是没有一个消费者愿意吃亏上当，而这也是他们越来越关注在线评论的原因。

一、在线评论优势

作为传播速度最快的口碑，大家之所以相信它，是因为：(1) 相关性高；(2) 信息覆盖面广、完整；(3) 评论者本身属于消费者，都站在商务网站的对立面，甚至可以匿名评论，是真实有效的反映；(4) 消费者主观能动性增强，不会被动去看；(5) 增长速度快，累计储存使一个消费者可以得到成千上万的用户建议。

二、在线评论的概念

大众可以通过互联网获得的，潜在、实际或者先前的消费者主要以文本形式做出的，对商品、服务、企业等特质的评定或对产品或服务使用体验的表述，可以是正面的也可以是负面的。

Parkand Kim 把网络评论定义为潜在的、以前的或实际的消费者对商品所持有的任何正面或负面的想法，通过网络平台被大多数人和公共机构所得知。这强调了由于在线评论的便捷性，才能发挥出这么巨大影响。

网络消费者评论是网络口碑的一种主要形式，是消费者通过购买和使用产品，在公共平台上对此产品或服务做出的评价，相对于公共平台提供的评论，网络消费者评论反映的信息更全面、真实。

Henning - Thurau (2003) 认为，网络口碑应包括消费者对产品体验、产品价格、产品性能等的口头表述或者评价，消费者可以通过网络平台搜集到真实且值得信赖的信息并对这些评价做出反应。

国内外研究出的定义虽有不同，但是相同点在于：(1) 在线评论是最有效率的传播方式，它区别于普通口碑传播方式，开辟了口碑传播的新方向。(2) 在线评论具有真实性、便捷性、高效性。

三、好评（正面评论）

在线好评，不仅能将服装商品推销出去，还能让消费者成为忠实的推销员，帮助推销商品。俗话说“一传十，十传百，百传千万”，一旦顾客成了推销员，商品的美誉度和知名度能直线上升，广告费也可省下一大笔；更重要的是，能够营造出一种很好的外部竞争环境。

让消费者留下在线好评的方法：

（1）必须从顾客利益出发，以优良的商品、良好的信誉、一流的服务赢得顾客，树立良好的品牌形象。

（2）必须搞好同顾客的关系，为顾客提供多元化服务，让顾客有宾至如归的感觉。同时，顾客成为推销员之后，又带来了新的消费潜力，因为每位顾客周围都有消费者，他们有意无意地向别人推销他们认可的商品。

（3）在让顾客成为推销员时，还可以给顾客一定比例的报酬，这样顾客就会更加卖力地推销商品，这是一种很强大的力量，对于网店销售指标提升发挥出一定作用。

四、差评（负面评论）

好评率是消费者挑选商家的一个重要依据，也是督促商家做得更好的动力所在。一个差评带来的损失绝对不是简简单单的一个评价，而是会影响更多的意向客户和潜在客户在网店购买商品的决定。

以下是总结消费者给差评的原因整理：

（一）服务态度差

消费者满意度是网店生存的根本，而服务是提高消费者满意度的重要方法。网上很多商家的差评都是由于服务态度差引起了买家不满。买家购物需要有一个良好的购物体验，而很多大卖家由于生意做大了，一个客服人员往往同时需要招呼许多买家，根本无法顾及所有买家，即使回答也十分简练，买家会有被忽视的感觉，即使买卖成交，购物体验也不是很好，所以可能也会产生差评。

（二）付款后卖家一直没发货

对于每天有几百甚至上千笔交易的大卖家而言，发货也是一项颇为繁琐的工作。很多时候店内的客服人员根本忙不过来，不是忘记发货，就是没能及时安排发货，在这种情况下产生差评几乎是不可避免的。

（三）缺货没有及时通知消费者

有些店铺每天的交易量都比较大，有些商品没货了，但是没有及时下架，或者仓库管理本身就比较混乱，卖家自己都不清楚仓库有没有库存，等买家付款后需要发货时才发现已经没货了。其实这些都是由于卖家工作不到位造成的，卖家应该加强内部管理。

（四）发错或者遗漏商品

如果卖家在发货的时候没有仔细地对商品进行整理、分类，难免会忙中出错，引起发错尺寸或者发错颜色或者遗漏商品等情况。这有可能给卖家添加一个差评。

（五）物流引起的纠纷

如果选择的物流公司不是很好，就很容易出现包裹丢失、商品被损坏、快递员态度恶劣以及快递时间过长等情况。其实由物流引起的差评对卖家而言是很冤枉的，卖家万一遇到物流引起的纠纷，一定要及时主动地联系快递公司，帮助客户追踪货物，处理问题。

（六）商品与描述不符

如果店铺以出售假冒伪劣产品盈利，无异于饮鸩止渴。卖家在进货时，需要仔细辨别所购产品的真伪，否则进了假货也不知道。另外，在拍摄商品照片或者对其进行图片处理时，要注意把握尺度，不要过分美化，掩盖商品原有瑕疵。

（七）售后服务不到位

“销售只是开始，服务永无止境”，当买家确认收货或者给予好评之后，依然要保持良好的售后服务。当买家收到商品遇到问题时，卖家需要耐心地与买家进行沟通，了解情况后及时做出处理，而不能因为问题比较棘手而选择逃避，否则不仅可能会换来差评，甚至会被客户投诉，当然也失去了二次交易的机会。

（八）商品包装太差

商品的包装除了在运输过程中起到保护的作用外，在一定程度上也影响了买家对商品的印象。如果包装不当，有可能会造成货物损坏。精美大方的包装可以为商品加分，但如果是破破烂烂的包装，则会使商品本身的价值大打折扣。

第二节　实证研究——负面评论影响

国内外对在线正面评论研究较多，但是对负面评论的研究很少，而负面评论不仅对顾客也对店主或商务网站意义非同一般。对于消费者来说：商品存在的负面评论属于消费风险预期，理性消费者更关心商品负面评论，这也就起到了对于购买态度的参考性作用。当消费者预先知道这些产品的缺点再购买使用后的满意程度，远高于事先未知的消费者在使用后发现商品缺点的满意程度。这样看来，消费者预知了商品负面评论，购买之后反而满意度同比增加，对消费者和商务网站来说也是有利的。然而负面评论也有可能降低消费者对同店其他商品的信任，同时影响消费者购买态度，降低消费者的购买欲望，对消费者和商务网站也是不利的。这就说明在线负面评论具有两面性。对消费者而言，好评数过多或是无差评也会给消费者带来感知风险。与正面口碑相比，负面口碑的可信度更高的同时也更具有概括性，因此消费者往往对负面口碑更敏感也更容易接受。

第二节主要是研究在线负面评论、购买态度和行为意图之间的关系。在此基础上，本文通过相关理论和文献的收集，主要采用内容分析和文献研究等方法，加以问卷调查，认真探讨关于在线负面评论对顾客购买态度和行为意图的影响。

一、理论综述

（一）在线负面评论相关研究

1. 在线负面评论的概念

传统环境中，消费者会将他的不满意经验告诉 5 个人，而在网络环境中，该消费者会将此不满信息传播给 6000 个甚至更多的人。Richins 认为，负面口碑指消费者将其对于产品或消费经历的不满意情绪传递给其他人的行为。陈书林和梁世安（2006）认为，负面评价是客户使用或购买后将不尽如人意的产品或服务的经验告诉周围人的行为。

由以上文献得知，负面评论主要产生于消费者的满意度太低。根据以往的研究，本文定义的负面评论为：通过公共平台，消费者说出对于某产品或服务的不满意感受的行为。

2. 在线负面评论发展趋势

有报告显示：一般的用户看网页只需要 3 分钟，而寻找负面评论的用户会停留长至 17.6 分钟；从页数上看，一般用户平均只看 2 页多，而寻找负面评论的用户会浏览 9 页左右。这表示寻找负面评论的用户是真心要买东西，他们认真地考虑购买决策，他们想看到更多类似自己的人使用此产品的真实感受。这也预示负面评论的未来不可小觑。

就全世界网络发展来说，在线负面评论增长速度极快，而在这个过程中出现了几个有趣的现象：中国网民偏好负面评论。美国在 2010 年尼尔森发布的在亚太地区所有国家互联网用户习惯的报告，报告中讲整个亚太地区，中国网络消费者喜欢分享负面产品评论，也只有中国消费者比起正面评论来说更愿意写出负面评论。62% 的中国网络消费者表示，他们更喜欢写出负面评论，而这比例占全球网络消费者的 41%。许多中国网络消费者得了恶评综合征。

Chevalie 和 Mayzlin 研究销售书籍网上的评论，发现一朵花的评价的影响比五朵花的评价的影响高得多。在营销方面，瓦利亚（2000）发现，消费者往往认为正面评论的诊断价值很大程度低于负面评论，所以才会在购买时更愿意参考负面评论。这一发展体现了网民在网购行为过程中的维权意识加强。负面评论多的店铺顾客少之又少，说明越来越多的人关注负面评论并且相信负面评论。

（二）购买态度相关研究

1. 态度

态度是个体对另一个个体所持有的稳定的心理倾向。态度具有自我防护功能，以消费者满足自我保护，是对事物真假好坏的认识。综上两点，态度不仅是一种评价，还是一种内心倾向。态度的产生源于对信息的认知，在本文中，购买态度源于消费者对于负面信息的感知。

2. 购买态度

消费者的态度是指消费者对事、物的情感反应，是消费者对某个对象喜欢或不喜欢的反应倾向。人几乎对所有的东西都抱着一种态度。态度不是天生的，它有持久性和稳定性，一旦形成，将逐渐成为个性的一部分，在反应模型上表现出一定的规则。

3. 购买态度和行为意图的关系

Upmeyer（1989）等研究者们认为，行为是指判断、决策的序列过程，而且行为是潜在的态度的表达。可见态度和行为密切联系。首先，消费者态度将影响他对产品的判断和评价。其次，态度影响消费者了解产品的兴趣和效果。最后，态度通过影响消费者购买意向来影响其购买行为。

（三）行为意图相关研究

行为意图是个人主观判断今后可能采取行动的倾向，也指在消费者出现购买行为的情况下，对该产品可能采取需要特定的活动或行为。该变量被认为是最贴近消费者实际购买行为心理变量。

消费行为是为了获得和使用商品或享受行动服务，包括之前的这些行动和决定的决策过程。消费者行为是与商品或者服务的交换密切相关的。消费者通过对商品对比选择，形成了购买意图。通常情况下，消费者更愿意购买他们最喜欢的牌子。偶尔也会受以下两个因素的影响而产生新的购买决策：（1）他人态度；（2）意外事件。

二、研究方案

（一）研究模型的构建

本研究从 3 个角度入手。首先把负面评论感知作为自变量，购买态度和行为意愿分别作为因变量，研究负面评论感知对消费者购买态度和行为意图的影响；其次把购买态度作为自变量，行为意图作为因变量，研究消费者购买态度对其行为意图的影响；本研究列举模型如图 7－1 所示。

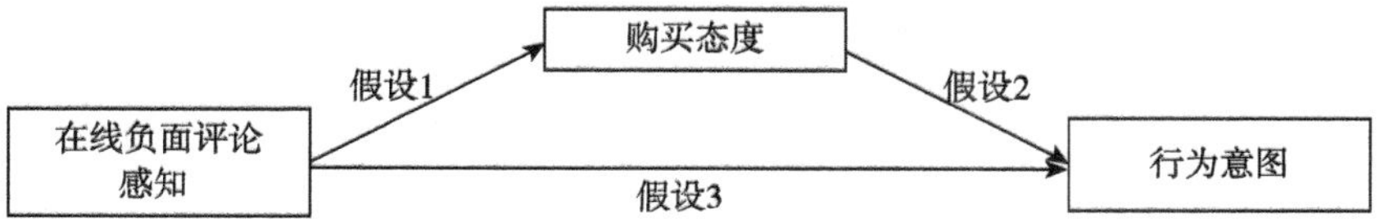

图 7－1　研究模型

（二）研究假设

根据上述框架以及文献理论研究结果，本研究对各变量做出大胆假设，深究负面评论感知、消费者购买态度及其行为意图之间关系可能，并试图证明以下假设。

1. *在线负面评论对购买态度的影响*

拉扎斯菲尔德和卡茨研究发现，消费者的消费观念在从否定到肯定的过程中，评论的作用是广告作用的 9 倍。可以试求，在线负面评论对消费者购买态度有参考性影响。态度的功能理论是：人们持有一定的姿态是满足其自身的内部需求，如果信息可用来满足这种需要，人们的态度就更容易改变。价值高的负面评论使得消费者接收到更可信的信息，完全有可能影响顾客的购买态度。

假设 1：负面评论对消费者购买态度有显著消极影响。

2. *购买态度对行为意图的影响*

沈子渊（2009）指出，消费者表现出的积极或消极的态度，会直接或间接地影响到团购意愿。Lapierre（2000）的研究指出，购买意愿越高，其购买机率也会随之越大。迪文（1992）的研究显示，积极或消极的态度会对行为意图产生重要影响。也就是说，正面态度带来高行为意愿，负面态度带来低行为意愿。我认为对于态度，消费者行为意图会表现出强烈的一致性。根据以上提出假设。

假设 2：购买态度对消费者行为意图有显著积极影响。

3. 在线负面评论对行为意图的影响

Senecal 和 Nantel 发现，消费者选择会受到网络产品推荐的影响，参考产品推荐的消费者购买产品的概率要比不参考产品推荐的消费者的购买概率多一倍。基于推理行动理论，主观臆断与感知行为控制很大程度上作为消费者在线购买意图与采纳的决定因素。

假设 3：负面评论对消费者行为意图有显著消极影响。

（三）变量测定

通过对 3 个变量分别设计测量题项，得到变量的涵盖范围。本测量问卷主要收集在线服饰品网店的评论信息。

1. 负面评论感知

表 7－1　负面评论感知量表

变量	测量题项	题项来源
负面评论感知	负面评论太多	影响在线评论有用性的相关因素研究——基于搜索型商品（郭林方，2012）
	负面评论太极端	
	负面评论是否紧贴产品，是否可信	
	评论者是否用过此产品，是否有参考价值	

2. 购买态度

表 7－2　购买态度量表

变量	测量题项	题项来源
购买态度	负面评论和我的感觉冲突	矛盾性在线评论对消费者购买态度和行为意向的影响研究（马艳丽，2014）
	该负面网络评论为我的购买态度提供很大参考意见	
	该负面评论会对我有益，有积极影响	
	该负面评论对我有消极影响	

3. 行为意图

表 7-3　行为意图量表

变量	测量题项	题项来源
行为意图	负面评论降低或提高了对该产品有购买倾向	基于归因视角的消费者在线评论及其感知有用性的影响因素研究（李洁，2014）
	有购买类似产品的倾向	
	愿意向他人推荐或购买	

（四）问卷设计与数据收集

1. 问卷设计

本研究采用实证方法研究负面评论对消费者购买态度和行为意图的影响，整理和借鉴国内外相关研究成果，完成问卷。本研究的调查问卷主体包括两部分，第一部分是关于被调查者最近接触到的关于某在线服饰产品的负面评论信息的情况，内容涵盖了本研究所涉及的3个变量的测量题项。第二部分为被调查者的个人基本资料，包括性别、年龄、学历、职业、收入情况等5个题项。除了被调查者个人基本信息采用一般性选项外，其余题项均采用Liket 5分量表法，用5个级别来测量每个指标项，被调查者基于感觉对每个问题进行打分，“1”表示“完全不同意”、“2”表示“有点不同意”、“3”表示“一般”、“4”表示“有点同意”、“5”表示“完全同意”。

2. 问卷测试

为保证变量测量的科学合理性，即可靠性和效度，本研究对331份有效问卷进行可靠性和效度等分析。结果表明，本研究的2个变量的Cronbach's α 系数均在0.8以上，说明本问卷具有较高的一致性。

3. 数据收集

在出炉最终问卷的基础上，确定调查对象和样本容量，通过网络问卷（http：//www.wenjuan.com）搜集研究数据。

本研究主要探讨的是在线负面评论对消费者购买态度和行为意图的影响，所以，在调查对象的选择方面应该满足：具有多次网购经历并以互联网作为获取产品或服务信息的渠道之一。问卷通过问卷网传达给符合要求的应答者并收集问卷。

三、数据统计与分析

本研究共搜集331份调查问卷，全部为有效问卷，并将这些数据用于变量之间的影响分析和模型假设证明。通过SPSS 20.0对获得的数据进行描述性统计分析，以及可靠性、效度和回归分析等，达到比较满意的效果。

（一）描述性统计分析

表7-4 有样本的受访者基本情况（N=331）

项目		人数	百分比%
性别	男	105	31.7
	女	226	68.3
年龄	10~19岁	15	4.5
	20~29岁	275	83.1
	30~39岁	20	6.0
	40~49岁	18	5.4
	50~59岁	3	0.9
学历	高中以下	31	9.4
	大学在读	146	44.1
	大学毕业	125	37.8
	研究生在校或以上	29	8.8
职业	专业主妇	6	1.8
	学生	207	62.5
	服务人员（收银员、料理师、美容师等）	12	3.6
	劳动人员	14	4.2
	职员（银行职员、公务员、公司职员等）	44	13.3
	技术人员（工程师、设计师、建筑师）	8	2.4
	专业人员（医生、律师、教授等）	10	3.0
	经营管理职务（企业干部、高级公务员等）	12	3.6
	其他	18	5.4

续表

项目		人数	百分比%
婚姻状况	未婚	278	84.0
	已婚	53	16.0
收入	不到1万元	202	61.0
	1万~2万元	81	24.5
	2万~3万元	21	6.3
	3万~4万元	8	2.4
	4万~5万元	4	1.2
	5万元以上	15	4.5

本研究回收的331份有效问卷中，男性共105人，占有效样本的31.7%；女性共226人，占有效样本的68.3%。年龄分布上，被调查者主要以20~29岁的年轻人群为主，这部分人群占调研总体比例的83.1%；年龄在30~39岁之间的有20人，占有效样本量的6.0%。这是因为年轻群体对网络环境更加熟悉，能够更好地提供调研数据。被调查者的学历分布情况，高中及以下学历的受访者仅31人，占有效样本的比例仅为9.4%；样本的学历分布主要集中在大学在读及大学毕业等高学历人群，占比高达81.9%。被调查者的职业分布情况，学生占比最多，为62.5%。婚姻状况分布，未婚受访者为278人，占比84%；已婚为53人，占比16%。所有受访者中超过60%月收入不到1万元。

（二）可靠性和效度分析

可靠性、效度分析是最常用的量表质量分析方法，本节将对负面评论感知、购买态度、行为意愿3个变量进行可靠性与效度分析。

1. 可靠性分析

可靠性即信度，主要是由研究所有的规模、测量编译所有的变量是否具有一致性和稳定性。0.7和0.98表明量表具有良好的可靠性的信度的阿尔法值，低于0.35表示问卷的可靠性不好，应予驳回。本研究的可靠性的标准是：信度的α值大于或等于0.7有更好的可靠性，可靠性的α值是0.6，可被视为最小可靠度值可以被接受。本研究使用SPSS 20.0统计工具进行分析，使用信度的阿尔法测量每个刻度件的可靠性。结果示于表 7 - 5、表 7 - 6 和表 7 - 7，每个变量的 Cronbach's α 系数分别 0. 721，0. 787，0. 780，可以保持每个变量的一致性很高。

表 7 - 5　在线服装产品负面评论感知的可靠性

变量名	测量项目	CITC 值	删除该项后 Cronbach's α 系数	Cronbach's α 系数
负面评论感知	A1	.441	.761	.721
	A2	.534	.579	
	A3	.615	.552	

表 7 - 6　在线服装产品购买态度的可靠性

变量名	测量项目	CITC 值	删除该项后 Cronbach's α 系数	Cronbach's α 系数
网店服饰产品购买态度	B1	.632	.705	.787
	B2	.664	.669	
	B3	.585	.755	

表 7 - 7　在线服装产品行为意图的可靠性

变量名	测量项目	CITC 值	删除该项后 Cronbach's α 系数	Cronbach's α 系数
网店服饰产品购买意图	C1	.642	.725	.780
	C2	.642	.756	

2. 效度分析

有效性的测试测量工具或手段可以通过测量的指标内容进行有效测量。本研究将采用因子分析方法来对问卷的结构效度进行验证。在进行因子分析时，为保证样本适合分析处理，本文采用 KMO 样本检验，然后利用因子分析来衡量有效性的尺度。KMO 措施 0. 5 意味着因子分析可以做，KMO 在 0. 5 以下的放弃。结果示于表 7 - 8、表 7 - 9、表 7 - 10，KMO 结果均达到 0. 5。巴特利特球体检验，只有当巴特利特值小于或等于阿尔法的显著的概率，才能进行分子分析。

（1）负面评论感知因子分析

通过对负面评论感知（A）进行因子分析，如表 7－8 所示：

表 7－8　负面评论感知的因子分析

测量项目		因子载荷
A1		.711
A2		.843
A3		.856
累计解释总体方差		64.938%
KMO 样本检测		.642
Bartlett 球形检验	近似卡方分布	228.153
	自由度（df）	3
	显著性（Sig.）	.000

负面评论感知 A 的 KMO 值为 0.642，Bartlett 巴特利特球体检验卡方值为 228.153，显著性为 0.000，说明变量可以进行因子分析。经过主成分因子分析，负面评论感知变量通过因子分析提取出一个因子，该因子累积解释总体方差的 64.938%，每个题项的因子负荷值均大于 0.700，说明负面评论感知的各指标可以看作一个变量。因子分析的结果和本研究提出的假设一致，验证了该量表的结构效度。

（2）购买态度因子分析

通过对购买态度（B）进行因子分析，如表 7－9 所示：

表 7－9　购买态度的因子分析

测量项目		因子载荷
B1		.841
B2		.862
B3		.808
累计解释总体方差		70.140%
KMO 样本检测		.694
Bartlett 球形检验	近似卡方分布	289.067
	自由度（df）	3
	显著性（Sig.）	.000

购买态度（B）的 KMO 值为 0.694，巴特利特球体检验的卡方值为 289.067，显著性为 0.000，说明变量可以进行因子分析。通过主成分因子分析，购买态度变量因子分析提取因子，因子累积解释总体方差的 70.140%，因子载荷值的每一个项目均大于 0.700，说明各个指标的购买态度可以查看作为一个变量。因子分析的结果与提出本研究的假设是一致的，验证了该表的结构有效性。

（3）行为意图因子分析

通过对行为意图（C）进行因子分析，如表 7－10 所示：

表 7－10　网店服饰产品行为意图的因子分析

测量项目		因子载荷
C1		.906
C2		.906
累计解释总体方差		82.083%
KMO 样本检测		.500
Bartlett 球形检验	近似卡方分布	174.270
	自由度（df）	1
	显著性（Sig.）	.000

行为意图（C）的 KMO 值为 0.500，巴特利特球体检验卡方值为 174.270，显著性为 0.000，说明变量可以进行因子分析。经过主成分因子分析，行为意图变量通过因子分析提取出一个因子，该因子累积解释总体方差的 82.083%，每个题项的因子负荷值均大于 0.700，说明行为意图的各指标可以看作一个变量。因子分析的结果和本研究提出的假设一致，验证了该量表的结构效度。

（三）相关分析

所述两个或更多个变量之间的相关性分析是统计方法的紧密度，用变量之间的相关系数 r 的关系紧密程度表示。在范围内的相关系数 r 值［－1，1］，越接近第 r－1 或 +1，指示越接近变量之间的关系；r 是接近 0 时，变量之间的关系不太密切。由 Pearson 相关分析，感知、购买态度、行为意向对负面评价 3 个变量进行分析变量之间的相关度的检测。通过 SPSS 20.0 进行相关分析得到表 7－11。

表 7－11　各变量相关分析结果

相关性				
		A	B	C
A	Pearson 相关性 显著性（双侧）	1		
B	Pearson 相关性 显著性（双侧）	-.291**	1	
C	Pearson 相关性 显著性（双侧）	-.290**	.663**	1
** 在 0.01 水平（双侧）上显著相关				

注：A 为负面评论感知，B 为购买态度，C 为行为意图

从上述相关分析结果可以看出：越低的负面评价感知，较高的消费者购买态度和行为意向。用户购买的行为意向态度在 0.01 水平显著呈正相关，购买态度的消费者越高，越高的行为意向；消费者购买的态度越低，越低的行为意向。其中，用户购买的态度对 Pearson 相关系数的行为意向是最大的，为 0.663，假设 1、假设 2、假设 3 通过初步测试。

（四）回归分析

通过相关分析发现，负面评论感知对购买态度和行为意向在 0.01 水平显著购买态度呈正相关。这部分将做出上述变量的回归分析。

1. 负面评论感知对购买态度的回归

以负面评论感知（A）作为自变量、购买态度（B）作因变量的回归分析结果如表 7－12。

表 7－12　负面评论感知对购买态度的回归

因变量	自变量	调整 R^2	F 值	标准回归系数	t 值	Sig.
购买态度	负面评论感知	.082	30.381***	-.291***	-5.512	.000

注：*** $p<0.001$（双侧检验）

模型中判定系数 R^2 为 0.082，表明此回归方程可以解释总变异的 8.2%，F 值为 30.381。负面评论感知显著性概率为 0.000，小于 0.05，对购买态度的回归有明显效果，并且回归系数为负，表明负面评论感知对消费者的购买态度有显著的消极影响，其标准化回归系数为 -0.291。假设 1 得到验证。

2. 购买态度对行为意图的回归

以购买态度（B）作为自变量，行为意图（C）作因变量的回归分析如表 7-13。

表 7-13 购买态度对行为意图的回归

因变量	自变量	调整 R^2	F 值	标准回归系数	t 值	Sig.
行为意图	购买态度	.438	257.906***	.663***	16.059	.000

注：*** $p<0.001$（双侧检验）

模型中调整后的判定系数 R^2 为 0.438，表明此回归方程可以解释总变异的 43.8%，F 值为 257.906，达到显著水平，表明回归效果很好。购买态度显著性概率为 0.000，低于 0.001，对行为意图的回归有显著效果，并且回归系数为正，表明购买态度对消费者的行为意图有显著的积极影响，其标准化回归系数为 0.663。假设 2 得到验证。

3. 负面评论感知对行为意图的回归

表 7-14 负面评论感知对行为意图的回归

因变量	自变量	调整 R^2	F 值	标准回归系数	t 值	Sig.
行为意图	负面评论感知	.082	30.292***	-.290***	-5.504	.000

注：*** $p<0.001$（双侧检验）

模型中调整后的判定系数 R^2 为 0.082，表明此回归方程可以解释总变异的 8.2%，F 值为 30.292。负面评论感知显著性概率为 0.000，小于 0.001，对行为意图的回归有显著效果，并且回归系数为负，表明负面评论感知对消费者的行为意图有明显的消极影响，其标准化回归系数为 -0.290。假设 3 得到验证。

4. 研究假设结果

表 7－15　本研究假设结果

序号	研究假设	验证结果
假设 1	负面评论对消费者购买态度有显著消极影响	支持
假设 2	购买态度对消费者行为意图有显著积极影响	支持
假设 3	负面评论对消费者行为意图有显著消极影响	支持

本次实证研究的设计模型架构，把负面评论感知和购买态度分别作为自变量，通过文献研究和问卷调查分析，得出以下结论：

（1）负面评论对消费者购买态度有显著消极影响。负面评论感知越高，消费者购买态度越低。与 Lazarsfeld 和 Katz 等学者研究一致。假设 1 得到验证。当消费者的负面评论感知强度没有达到一定程度的时候，它就是一个有矛盾的参考意见，并不会对购买态度产生消极影响。当负面评论感知累积到很大强度的时候，它就成为一个类似结论的评论，消费者很愿意相信，也就开始影响购买态度。

（2）购买态度对消费者行为意图有显著积极影响。购买态度越高，消费者行为意图越高。与 Driver 等学者研究一致。假设 2 得到验证。消费行为是为了获得和使用商品或享受行动服务，包括之前的这些行动和决定的决策过程。购买态度可以比作为消费者的这种心理倾向，这种心理倾向越严重，消费者做出行为的可能性越高。

（3）负面评论对消费者行为意图有显著消极影响。负面评论感知越高，消费者行为意图越低。与 Senecal 和 Nantel 等学者研究一致。假设 3 得到验证。Chevalie 和 Mayzlin 研究了图书在线评论对图书销量的影响，发现一朵花的评价的影响比五朵花的评价影响要高得多。负面评论直接影响了销售情况，消费者拒绝购买评价不好的商品，也就说明负面评论感知可直接对消费者行为意图产生影响。

因此，负面评论可以通过影响消费者购买态度来间接影响其行为意图，也可直接对消费者行为意图产生影响。

四、管理建议

1. 重视在线负面评论传播

消费者接触在线负面评论后，并不仅仅减弱了其线上的购买态度和行为意愿，同时减少了人与人之间的信任。对大部分的网民来说，在做出线上购买决策之前，通过在线评论获取网店或产品的相关信息已经成为习惯，并具有较强的发展势头。在互联网环境下，在线评论的传播比传统评论影响面更大，传播更迅速。消费者会在短时间内把相同的负面评论发布到不同页面，以至于影响更多消费者购买决策。所以，在互联网不断普及和网民不断增加的今天，电商企业应该对在线负面评论给予足够的重视。

2. 减少消费者负面评论感知

本研究表明，负面评论感知对消费者购买态度和行为意图均产生影响，所以要从根源抓起，通过减少消费者负面评论感知来提高消费者购买态度和行为意图。

3. 研究局限与展望

本研究虽然对国内外关于在线负面评论的现有研究成果进行了梳理归纳，并通过实证研究工作得出一些创新性研究结果，对以往研究进行了综合和补充，但由于本人研究能力的限制，仍然存在局限性。

（1）研究样本过于集中

从前文中描述性统计分析结果中可以看出，本文的被调查对象在年龄层次、学历、职位等方面较为集中，主要是20～29岁之间、大学在读及大学毕业的人。这种过于集中的样本可能会导致获取的数据不具有代表性，从而影响到研究结果的普遍适用性。

（2）关于负面评论感知

在测量题项中，负面评论感知缺少了店主服务态度与物流服务态度的考虑因素。只局限于在线服饰品本身。这种欠缺考虑因素的样本可能会导致获取的数据不具有代表性，从而影响到研究结果的普遍适用性。

在线负面评论是网络消费者产生购买行为的重要依据，通过本次调研结果，可以让更多的消费者和商务网站认识到它的重要性。消费者通过对负面评论的了解来从优选择，得到更满意的服务；商务网站通过负面评论，得知更准确的消费者需求，做到更优服务。

参考文献

国内文献

[1] Shin, H. K.，王斯．韩国网络购物的发展以及对中国的启示［J］．消费导论，2008（20）：33－35.

[2] 波士顿公司（BCG），全球电子商务领军者：驾驭中国网络购物新生态，2011.

[3] 波斯顿咨询公司网．杨帆起航：中国旅游业的发展与前景［EB/OL］．http：//www. bcg. com. cn.

[4] 陈成．产业组织视角下的中国网络零售市场 SCP 分析［J］．中国市场，2013（45）：20－22.

[5] 陈娜，曹芳华．电子商务：线上线下共生之道［J］．销售与市场：评论版，2010（9）：92－94.

[6] 陈胜可．SPSS 统计分析：从入门到精通［M］．北京：清华大学出版社，2010.

[7] 陈书林，梁世安．探讨影响网路负面口碑的因素之研究［J］．第 10 届科际整合管理研讨会，2006（5）：23－24.

[8] 陈亚．C2C 网上商店形象对消费者购买意愿的影响研究［D］．重庆大学，2008.

[9] 程锡安，苏倩．食品企业如何发展网络零售［J］．江西食品工业，2011（3）：46－49.

[10] 单文盛．浅析即时通讯软件业的现状和发展［J］．湖南师范大学，2009（11）：77－79.

[11] 贺尚飞．中国网络零售市场现状及趋势分析［J］．中小企业管理与科技（下旬刊），2011（5）：53－54.

[12] 井森，王方华，周颖．消费者网上购买行为感知风险动态模型研究［J］．工业工程与管理，2005（6）：28－32.

[13] 雷杰．享乐主义购物价值与网络购物行为意向的关系研究［D］．西南交通大

学，2008.

[14] 李佳，吴海燕，徐律．网络服装零售新商业模式研究［J］. 中国经贸，2016（5）：70－71.

[15] 李亚静．实体保持平稳电商增长迅猛 2015 年线上线下服装零售分析［J］. 纺织服装周刊，2016（10）：48－49.

[16] 凌启节．网络购物税收征管的探讨［J］. 中国证券期货，2011（4）：102－103.

[17] 刘斌．价值工程在医疗建筑项目中的应用与研究［D］，上海交通大学，2009.

[18] 刘延东．即时通讯技术对现代教学的影响［J］，教育探索，2007（7）：50－51.

[19] 刘艳阳，常亚平，郑宇．E 时代顾客忠诚因素分析及策略探讨［J］. 市场研究．2007（01）：31－35.

[20] 美国尼尔森调查公司，亚太各国网民用户习惯报告，2010。

[21] 南方财富网．2016 双十一销售额：2016 天猫双 11 全球狂欢节交易额达 807 亿．2017 年 8 月 12 日搜索，http：//www. southmoney. com/redianxinwen/201611/862392. html

[22] 皮尤研究中心．调查显示 40% 美国人购物前总会查看评价．2017 年 8 月 12 日搜索，http：//www. 199it. com/archives/549763. html

[23] 乔瑞．基于网络营销的顾客忠诚度影响因素评价研究［D］. 西安电子科技大学，2010.

[24] 商务部．2016 年中国网络零售交易额达 5. 16 万亿元 同比增长 26. 2%．2017 年 8 月 12 日搜索，http：//www. 199it. com/archives/564532. html

[25] 沈子渊．主购社群关系与主购经验分享对网络团购行为因素影响之探讨［D］. 中央大学，2009.

[26] 施静，赵恺，蔡怡惠．品牌服装产品策划［M］. 化学工业出版社，2015.

[27] 宋晓兵，丛竹，董大海．网络口碑对消费者对产品的影响机制研究［J］. 管理学报，2011，08（4）：559.

[28] 王冬生．传统国有零售企业网络零售发展探讨［J］. 武汉商务，2010（7）：35－38.

[29] 王慧．传统零售企业开展网络零售的模式探究［J］. 中国商论，2012（34）：85－86.

[30] 王慧．我国网络零售市场特征与趋势分析［J］. 中国商论，2013（10）：81－82.

[31] 谢人强，田娴．网络零售的影响因素分析及其发展策略研究［J］. 上海商学院学报，2010，11（06）：65－68.

[32] 杨丽钗．购物网站服务质量、顾客关系利益及满意度研究［D］，浙江工商大

学，2008.
[33] 杨帅．关系利益及其对顾客忠诚度影响的跨行业比较：接触程度和定制化水平的作用［D］，复旦大学，2009.
[34] 杨义雄．服装市场营销［M］．东华大学出版社，2009.
[35] 雨果网．2016年台湾电商数据一览网购消费者比例达62%．2017年8月12日搜索，http：//www.199it.com/archives/472238.html
[36] 雨果网．2016全球五大电商市场分析：中国电商营业额9750亿美元，英国网购比例最高．2017年8月12日搜索，http：//www.ec.com.cn/article/dsyj/sjzs/201702/14314_1.html
[37] 赵法敏，陶勇．B2C环境下顾客价值对顾客忠诚影响的实证研究［D］．青岛理工大学，2010.
[38] 中国产业信息．2016年中国网络购物用户规模达到4.48亿．2017年8月12日搜索，http：//www.chyxx.com/industry/201609/447058.html
[39] 中国电子商务研究中心．2012年度中国网络零售市场数据监测报告［OL］．http：//wenku.baidu.com/view/403da524453610661ed9f42f.html
[40] 中国电子商务研究中心．2015年10月服装服饰网络零售发展报告［R］．http：//www.100ec.cn
[41] 中国互联网络信息中心．http：//www.cnnic.net.cn/
[42] 中国连锁经营协会．传统零售商开展网络零售现状解析—2011传统零售商开展网络零售研究报告［N］．中国商报/2011年/8月/2日/第D03版
[43] 中国信息导报，第20次中国互联网络发展状况统计报告，2007.
[44] 中国证券网．2016年12月社会消费品零售总额同比增长10.9%．2017年8月12日搜索，http：//finance.ifeng.com/a/20170120/15158297_0.shtml
[45] 周桂香．构造三维市场营销 形成企业核心竞争力［J］．宁夏大学学报（人文社会科学版），2002，24（2）：99－100.

国外文献

[1] Ahn, K. H. The structural relationships among customer trust, satisfaction, and loyalty in social commerce context: Focusing on trust transfer [D]. Unpublished doctoral dissertation, Sejong University, Seoul, 2011.
[2] Ahn, K. H., & Lee, Y. J. The study of the influence of consumer's shopping orientation on the relationship between store image variables and on－time consumer's purchase in-

tention [J]. Journal of Consumer Studies, 2006, 13 (4): 101 - 122.

[3] Ainley, M., Scott, F. S., "The rise of 'modest' fashion", CNN STYLE. Retrieved March 19, 2017 (2017, March 08), from http: //www. edition. cnn. com

[4] Andaleeb S S. An Experimental Investigation of Satisfaction and Commitment in Marketing Channels: The Role of Trust and Dependence [J]. Journal of Retailing, 1996, 72 (1) : 77 - 93.

[5] Anderson, R. E., & Srinivasan, S. S. E - satisfaction and e - loyalty: A contingency framework [J]. Psychology & Marketing, 2003, 20 (2): 123 - 138..

[6] ArndtJ, Role of Product—related Conversations in the Diffusion of a New Product. Journal of Marketing Research [J], 1967, (4): 291 - 295.

[7] Arun S. Trends in Internet based Business to business Marketing [J]. Industrial Marketing Management, 2002, (31): 77 - 84.

[8] Bagozzi, R. P., & Yi, Y. On the evaluation of structural equation models [J]. Journal of the Academy of Marketing Science, 1988, 16 (1): 74 - 94.

[9] Bansal, H. S., & Voyer, P. A. Word - of - mouth processes within a services purchase decision context [J]. Journal of service research, 2000, 3 (2): 166 - 177.

[10] Becker, H. S. Note on the concept of commitment [J]. American Journal of Science, 1960, 66: 32 - 42.

[11] Berscheid, E. & Walster, E. Physical attractiveness, advances in experimental social psychology [M]. New York: Academic press. 1974.

[12] Blackwell, R. D., Miniard, P. W., & Engel, J. F. Consumer behavior (10th ed.) [M]. OH: South - Western College Pub, 2005.

[13] Chen, Q., & William, D. W. Attitude toward the site [J]. Journal of Advertising Research. 2009, Sep - Oct, 27 - 37.

[14] Chen, S. C., Dhillon, G. S., "Interpreting dimensions of consumer trust in e - commerce", Information Technology and Management, 2003, l4 (2): 303 - 318.

[15] Cheung, C. M. K., Lee, M. K. O. Understanding consumer trust in internet shopping: a multidisciplinary approach. Journal of the Association for Information Science and Technology, 2006, 57 (4): 479 - 492.

[16] Chevalier J. A, Mayzlin D, The Effect of Word of Mouth on Sales: Online Book Reviews [J]. Journal of Marketing Research, 2006, (8): 345 - 354.

[17] Cho, Y. J., & Yang, H. S. "The effect of characteristics in fashion social commerce

sites and SNS subjective norm on consumer attitudes towards social commerce and purchase intention of fashion products," Journal of the Korean Society of Clothing and Textiles, 2012, 36 (11): 1148 - 1161.

[18] Crosby, L. A., Evans, K. P., & Cowles, D. Relationship quality in service selling: An interpersonal influence perspective [J]. Journal of Marketing, 1990, 54 (July): 55 - 68.

[19] Derbaix, C. Perceived risk relievers: An empirical investigation [J]. 1983, (3): 19 - 38.

[20] Dodds, W. B., Grewal, D., & Monroe, K. B. Effects of price, brand and store information on buyers' product evaluation [J]. Journal of Marketing Research, 1991, 28 (1): 219 - 307.

[21] Doney, P. M., & Joseph, P. C. An examination of the nature of trust in buyer - seller relationships [J]. Journal of Marketing, 1997, 61 (4): 35 - 51.

[22] Driver, B. L., Brown, P. J., & Peterson, G. L. Benefits of leisure (Eds.). State College, PA: Venture. 1991.

[23] Dunn, S. C., Seaker, R. F., & Waller, M. A. Latent variables in business logistics research: Scale development and validation [J]. Journal of Business Logistics, 1994, 15 (2): 145 - 172.

[24] Dwyer, R. F., Paul, H. S., &Sejo, O. Developing buyer - seller relationship [J]. Journal of Marketing, 1987, 51 (April): 11 - 27.

[25] Edelman, B., Jaffe, S., & Kominers, S. D. To groupon or not to groupon: The profitability of deep discounts [J]. Marketing Letters, 2016, 27 (1): 39 - 53.

[26] Fang, Y., Qureshi, I., Sun, H., Mccole, P., Ramsey, E., & Lim, K. H., Trust, satisfaction, and online repurchase intention: the moderating role of perceived effectiveness of e - commerce institutional mechanisms [J]. MIS Quarterly, 2014, 38 (2): 407 - 427.

[27] Flaviάn, C., & Guinalíu, M. Consumer trust, perceived security and privacy policy [J]. Industrial Management & Data Systems, 2006, 106 (5): 601 - 620.

[28] Folkes, V. S. Recent attribution research in consumer behavior: A review and new directions [J]. Journal of Consumer Research, 1988, 14 (4): 548 - 565.

[29] Foster, B. D., &Cadogan, J. W. Relationship selling and customer loyalty: An empirical investigation [J]. Marketing Intelligence and Planning, 2000, 18 (4): 185 - 199

[30] Gefen, D., Karahanna, E., & Straub, D. W. Trust and TAM in online shoppings: An integrated model [J]. MIS Quarterly, 2003, 27 (1): 51 -90.

[31] Grönroos, C. A service quality model and its marketing implications [J]. European Journal of Marketing, 1984, 18 (4): 36 -44.

[32] Gwinner, K. P., Gremler, D. D., & Bitner, M. J. Relational Benefits in Services Industries: The Customers Perspective [J]. Journal of the Academy of Marketing Science, 1998, 26 (2): 101 -114.

[33] Hair, J. F., Black, W. C., Bain, B. J., & Anderson, R. E. Multivariate data analysis (7th ed.) [M]. New Jersey: Prentice Hall. 2010.

[34] Hanson, W. A., Principles of Internet Marketing [D]. South - Western College Publishing, 2000.

[35] Harsanyi, J. C. Morality and the theory of rational behavior. Social Research, 1977, 44 (4), 623 -656.

[36] Hennig - Thurau, T., & Walsh, G. Electronic word of mouth: Motives for and consequences of reading customer articulation on the internet [J]. International Journal of Electronic Commerce, 2003, 8 (2): 51 -74.

[37] Hennig - Thurau, T., Gwinner, K. P., & Gremler, D. D. Understanding relationship marketing outcomes: An integration of relational benefits and relationship quality [J]. Journal of Service Research, 2002, 4 (February): 230 -47.

[38] Hennig - Thurau, T., Gwinner, K. P., Walsh, G., & Gremler, D. D. Electronic word - of - mouth via consumer - opinion platforms: What motivates consumers to articulate themselves on the internet? [J] Journal of Interactive Marketing, 2004, 18 (1): 38 -52.

[39] Hoffman, D. L., Novak, T. P., & Peralta, M. Building consumer trust online. Communications of ACM [J]. My Publications. 1999, 42 (4): 80 -85.

[40] Hoffman, D., & Novak, T. P. How to acquire customers on the web [J]. Havard Business Review, 2000, 78 (3): 179 -188.

[41] Hong, H. S. Effect of internet shopping mall attributes on purchase intention for apparel on internet [J]. Family and Environment Research, 2002, 40 (4): 27 -44.

[42] Janda, S., Trocchia, P. J., & Gwinner, K. P. Consumer perceptions of internet retail service quality [J]. International Journal of Service Industry Management, 2002, 113 (5): 412 -431.

[43] Jo, E. Y. For the high school students inDaegu area: The customer satisfaction and loyalty of salespersons working at apparel store [J]. Family and Environment Research, 2003, 41 (12): 1 – 12.

[44] Jude, V. C. Differentiate with the 5th P: People [J]. Industrial Marketing Management, 1987, 16: 56 – 69.

[45] Katz E, Lazarsfeld P F., Personal Influence, The part played by people in the flow of mass communications [M]. Transaction Publishers, 1970.

[46] Kim, C., Galliers, R. D., Shin, N., Ryoo, J. H., & Kim, J. Factors influencing internet shopping value and customer repurchase intention. Electronic Commerce Research & Applications, 2012, 111 (4): 374 – 387.

[47] Kim, E. J. The influence of attributes of salespersons working at apparel store on relationship with consumers [M]. Unpublished doctoral thesis. Sookmyung Women's University, Seoul. 2001.

[48] Kim, J. H., Kim, M., &Kandampully, J. Buying environment characteristics in the context of e – service [J]. European Journal of Marketing, 2009, 43 (9/10): 1188 – 1204.

[49] Lapierre, J. Customer – perceived value in industrial contexts [J]. Journal of Business & Industrial Marketing, 2000, 15 (2): 122 – 145.

[50] Lee, A. R. Researching the effect that purchasing factor of social commerce have on customer satisfaction, customer loyalty and repurchasing [M]. Unpublished master's thesis. Kyung Hee University, Seoul, 2012.

[51] Lee, H. S., &Im, J. H. Structural equation modeling with AMOS 18.0/19.0 [D]. Seoul: JypHyunJae. 2011.

[52] Lee, K. H., & Pak, J. O. Criteria of evaluating clothing and web service on internet shopping mall related to consumer involvement [J]. Journal of the Korean Society of Clothing and Textiles, 2006, 30 (12): 1747 – 1758.

[53] Lee, K. T., Koo, D. M., & Noh, M. J. The effect of customer perceived value on social commerce usage intention. Korean Journal of Marketing, 2011, 13 (3): 135 – 161.

[54] Martin, M. C., & Sohi, R. S. Maintaining relationship with customer: Some critical factors: Enhancing knowledge development in marketing [J]. New York: American Marketing Association. 1993.

[55] Mitchell, V. W. A cross – cultural analysis of perceived risk in British and French CD

purchasing [J]. Journal of Euro Marketing, 1996, 6 (3): 47 - 79.

[56] Mizerski, R W. An attribution explanation of the disproportionate influence of unfavorable information [J]. General Information, 1982, 9 (3): 301 - 10.

[57] Moorman, C. , Zaltman, G. , & Deshpande, R. Relationships between providers and users of market research: The dynamics of trust within and between organization [J]. Journal of Marketing Research, 1992, 29 (Aug): 314 - 329.

[58] Morgan, M. R. , & Hunt, S. D. The commitment - trust theory of relationship marketing [J]. Journal of Marketing, 1994, 58 (7): 20 - 38.

[59] Oliver R. L. A cognitive model of the antecedents and consequences of satisfaction decisions [J]. Journal of Marketing, 1980, 17: 460 - 464.

[60] Oliver, R. L. Satisfaction: A behavioral perspective on the customer. New York: McGraw - Hil [M], 1997.

[61] Overby, J. W. , & Lee, E. J. The effects of utilitarian and hedonic online shopping value on consumer preference and intentions [J]. Journal of Business Research, 2006, 59 (10 - 11): 1160 - 1166.

[62] Park, B. G. , & Lee, J. G. Conceptualizing and measuring brand equity of celebrity endorser: Scale development and validation [J]. The Korean Journal of Advertising and Public Relations, 2009, 11 (2): 155 - 192.

[63] Park, D. H. , & Kim, S. The effects of consumer knowledge on message processing of electronic word - of - mouth via online consumer reviews [J]. Electronic commerce research and applications, 2008, 7 (4): 399 - 410.

[64] Park, E. J. Effects of apparel product attributes on customer satisfaction, trust and loyalty in online stores [J]. Journal of the Korean Society of Clothing and Textiles, 2008, 32 (8): 1299 - 1308.

[65] Raj, S. P. The effects of advertising on high and low loyalty consumer segments [J]. Journal of Consumer Research, 1982, 9 (June): 77 - 89.

[66] Reichheld, F. F. , & Schefter, P. E - loyalty: Your secret weapon on the web [J]. Harvard Business Review, 2000, Jul (01): 105 - 113

[67] Reynolds, K. E. , & Beatty, S. E. Customer benefits and company consequence of customer - salesperson relationship in retailing [J]. Journal of Retailing, 1999, 75 (1): 11 - 32.

[68] Richins, M. L. , Negative Word of Mouth by Dissatisfied Consumers: A Pilot Study

[J]. Journal of Marketing, 1983, 47 (1): 68 - 78.

[69] Roman, S. & Ruiz, S. Relationship outcomes of perceived ethical sales behavior: The customer's perspective [J]. Journal of Business Research, 2005, 58 (4): 439 - 452.

[70] Ruyter, K., & Pauwels, P. Managing service relationships in a global economy: Exploring the impact of national culture on the relevance of customer relational benefits for gaining loyal customers [J]. Advances in International Marketing, 2004, 15 (15): 11 - 31.

[71] Ryu, E. J., & Cho, O. S. The effects of the internet shopping values on internet shipping behavior of apparel products - Focused on the shopping mall attributes and perceived risks - [J]. The Research Journal of the Costume Culture, 2005, 13 (2): 209 - 220.

[72] Schoenbachler, D. D., & Gordon, G. L. Multi - channel shopping: Understanding what drives channel choice [J]. The Journal of Consumer Marketing, 2002, 19 (1): 42 - 53.

[73] Senecal, S. and Nantel, J., The influence of online product recommendations on consumers' online choices [J]. Journal of Retailing, 2004, 80 (2): 159 - 69.

[74] Seock, Y. K., & Noron, M. Capturing college students on the web: Analysis of clothing web site attribute [J]. Journal of Fashion Marketing and Management, 2007, 11 (4): 539 - 552.

[75] Shin, D. H. Analysis of online social networks: A cross - national study [J]. Online Information Review, 2010, 34 (3): 73 - 495.

[76] Suh, K. S. The moderating effects of internet shopping involvement on the relationship between usability, trust of internet shopping sites and customer loyalty [J]. Korea Society of IT Service Journal, 2008, 7 (3): 1 - 29.

[77] Swan, J. E., Trawick, I. F., & Silva, D. W. How industrial salespeople gain customer trust [J]. Industrial Marketing Management, 1985, 14 (3): 203 - 211.

[78] Szymanski, D. M., &Hise, R. T. E - satisfaction: Aninitial examination [J]. Journal of Retailing, 2008, 76 (3): 309 - 322

[79] Taylor, J. L., & Woodside, A. G. Exchange behavior among salesman and customer in natural settings, in buyer - seller interactions: Empirical research and normative issues [J]. Chicago: American Marketing Association. 1981.

[80] Upmeyer, A. Attitudes and Behavioral Decisions [M]. Springer - Verlag New York

Inc. , 1989, 1 - 2.

[81] Voorhees, C. M. , & Zboja, J. J. The impact of brand trust and satisfaction on retailer repurchase intentions [J]. Journal of Services Marketing, 2006, 20 (6): 381 - 390.

[82] Weiz, A. B. Effectiveness in sales interaction: A contingency framework [J]. Journal of Marketing, 1981, 45 (Winter): 85 - 103.

[83] Wiener, J. L. , &Mowen, J. C. Source credibility: On the independent effects of trust and expertise [J]. Advances in Consumer Research, 1986, 13: 306 - 310.

[84] Zeithaml, V. A. , Berry, L. L. , & Parasuraman, A. The behavioral consequences of service quality [J]. Journal of Marketing, 1996, 60 (1): 31 - 46.